モンテッソーリ教育
シュタイナー教育
森のようちえん
から学ぶ

子どもの生きる力を伸ばす方法

征矢里沙

SOGO HOREI PUBLISHING CO., LTD

はじめに

私は今、幼児と小学生の2人の男の子を育てている、ママです。

学生の頃から、「生きる力」をはぐくむ教育について独自に研究し、日本全国、および海外の100カ所以上の教育現場を実際に訪問してきました。色々な教育のやり方や考え方がありましたが、どれもとても魅力的でした。自分の子どもが生まれたらこんなこともあんなこともやってあげたいなと、当時の私は夢を膨らませていました。


ところが、実際に子どもが生まれてみると、子育てって本当に大変！

毎日やることが多すぎててんやわんやで、子どもも全然思い通りになりません。

それもそのはずです。今思えば、色々な情報を知りすぎて、そこまでやらなくてもいいことや、おうちでは難しいことまでがんばりすぎていたかなと思います。

バタバタしているうちに、2人目の子どもが生まれてみると、長男と次男は全く違うタイプでした。子どもの個性によって、合うやり方・合わないやり方があることもわかりました。

結局、できたことはほんの少しだけ。それでも、子どもはのびのび育ってくれています。おうちでの教育はもっとシンプルに、自分と子どものペースでやればよかったんだと気がつきました。

そこでこの本では、これまでしてきた研究と子育て経験をもとに、0～6歳の子どもの「生きる力」をはぐくむために、本当に大切なことだけをまとめました。

わかりづらいところは、読み飛ばしていただいても構いません。書いてあることをすべてできなくても大丈夫です。一部だけでも、ご自身とお子さんのペースでやってみてもらえれば十分です。

読んでくださったパパやママ達が、「これならできるかも」とホッと安心できたり、「やってみたい」とわくわくできるような本になっていれば嬉しいです。

目次

第3章 年齢別「生きる力」の育て方

第4章 こんなときどうする? Q&A

装丁　別府　拓(Q.design)
イラスト　しゅんぶん
本文デザイン　木村　勉
DTP・図表　横内俊彦
校正　矢島規男

第 1 章

子どもの「生きる力」とは

「生きる力」とは

「自分の子どもに幸せになってほしい」。それは、パパ・ママの持つ共通の願いだと思います。

一昔前は、そのための目標は「学歴」でした。いい大学に行って、いい会社に行くことが、幸せだと思われていた時代がありました。

しかし、今はどんどん社会が変わっています。いい大学に行ってもいい会社に行けるとは限らないし、いい会社に行っても、ずっと安泰《あんたい》とは限りません。それどころか、温暖化などの気候変動や、東日本大震災などの災害、新型コロナウイルスのパンデミックなど、なにが起こるかわからないことを、今のパパ・ママ世代の方は肌で感じていると思います。

そんな時代に、子どもの幸せのために親ができる、一番大切なこと。
それは、**「生きる力」をはぐくんであげること**です。

「生きる力」という言葉は、もともとは１９９０年代に文部科学省が掲げたことで広まりました。背景として、やはり時代の変化があり、これからは学力偏重ではない教育を目指したい、という意味が込められていました。そこから「総合的な教育」などが始まり、現在では、グループワークやディスカッションといったアクティブラーニングなどの新しい学び方も始まっています。

ただし、文部科学省としては、あくまでも学校での教育を通して、子どもが「社会に生かせる力」を育てることが目的です。
そこで、本書ではおうちでの子育てを通して、子ども自身が「幸せに生きるための力」をはぐくむ方法をお伝えしたいと思います。

ここで目指したい「幸せ」とは、英語では**Well-being（ウェルビーイング）**と呼ばれるものです。

「幸福学」という分野の研究によれば、幸せは大きく分けて2種類あります。

ひとつは、**一時的な幸福感や快感など、いわゆる「長続きしない幸せ」**です。これはHappiness（ハピネス）とも呼ばれます。たとえば、「お菓子を食べて美味しい！」「欲しい物が手に入って嬉しい！」といったちょっとした喜びも含みます。こうしたハピネスも人生には欠かせませんが、ずっと続くわけではありませんよね。

もうひとつが、**心と体がいい状態にあって、ずっと「長続きする幸せ」**です。これが、ウェルビーイングと呼ばれています。「ハッピー！」と一気に高まる幸せ感というよりも、日々の中でふと振り返って、「私は幸せ者だなあ」としみじみ思えるような幸せというイメージです。

実は、いい大学やいい会社に行くこと、つまり地位や財産を追い求めることは、一

時的な「ハピネス」にはつながっても、「ウェルビーイング」には直結しないことが、今は色々な研究からわかっています。

では、「長続きする幸せ」のために必要な「生きる力」とはなんでしょうか。

それは、**「心の力」「頭の力」「体の力」**の3つでできていると、私は考えています。このうち、一番大切で、小さな子どもの頃から育ててあげたいのは**「心の力」**です。

心の力

日本の幸福学の研究によると、幸福度の高い人は、以下のような「心の状態」を持っているそうです。

★自分らしくいられる
★学びや成長を楽しめる
★前向きな気持ちでいられる
★人といい関係でいられる

「自分らしくいられる」とは、自分と他人を比べない、自分の幸せを自分でわかっている、自分が好きなものを大事にできる、といったことです。

「学びや成長を楽しめる」とは、目指したい目標があって、そのためにがんばれる、自分の強みを伸ばせる、得意なことを生かせる、といったことです。
「前向きな気持ちでいられる」とは、どんなときでもなんとかなると思える、いいところを探すことができる、気持ちを切り替えることができる、といったことです。
「人といい関係でいられる」とは、色々な人に感謝している、自分が大切にされていると感じられる、人を助けたいと思える、といったことです。

これは、「どんな状況でも自分が幸せだと思い込めれば幸せ」といった精神論的なものとは、少し違います。**どんなときでも、自分らしさを忘れず、できることを探し、なんとかなると信じ、人といい関係を築くことで、幸せな状況を自分で作っていくための心の力**、ということです。

なお、こうした心の状態を持てる力のことを、教育学では「非認知能力」または「社会情動的スキル」と呼ばれています。

この「心の力」が、「生きる力」の中でも一番大切な力です。

頭の力

さて、そうはいっても、やっぱり「学力」も大切なんじゃないかな？　と思う方もいると思います。

確かに、いい大学やいい会社かどうかは別としても、「行きたい学校」や「やりたい仕事」に進むためには、やっぱり頭も使わなければいけません。そして、どんな仕事をする上でも、読み書きや計算、考える力、知識といったものは、役に立つことがたくさんあります。自分のやりたい仕事に就いて活躍できることは、幸せ度にも大きく関係しています。

だから、幸せに生きるためには、「頭の力」もやっぱり必要だと考えています。

ただし、0～6歳の小さな子どもは、「頭の力」よりも「心の力」をしっかり育てることが大切です。

「早期教育」という言葉があるように、早いうちから頭の力を伸ばしたほうが、伸びやすく、将来的にも有利なのでは？　と思われがちですが、実は違います。

ノーベル経済学賞の受賞者であるジェームズ・J・ヘックマンの研究によると、小さい頃（3～4歳）から教育を行った子ども達は、そうでない子ども達に比べて、大人になってからの生活に大きな差が出ることがわかりました。特に「学習意欲」や「自制心」などの「心の力」については、教育効果がずっと継続し、それが生活の差につながっていました。

ただし、知能（IQ）つまり「頭の力」については、一時的には高くなったものの、あまり教育効果は継続しなかったのです。日本で行われた研究でも、子どもの「読み書き能力」については、**早期から学ぶと一時的には伸びるものの、5歳頃になるとその優位性がほぼ消えてしまう**ことがわかっています。

つまり、子どもが小さい頃から、読み書き、計算などをさせて「頭の力」を伸ばそうとする早期教育は、長期的に見るとそれほど効果がありません。

その一方で、**「心の力」を小さな頃から伸ばすことは、将来的にも大きな効果があるのです。**

その理由のひとつは、「頭の力」を伸ばすためには、「心の力」が重要だからです。

たとえば、「学びや成長を楽しめる力」つまり、これを目指したい、叶えたいからそのためにがんばろうという自分の意志がしっかりあるほうが、学習はずっと効果的になりますよね。学習が効果的だと自信もつきやすくなり、さらなる目標へのやる気も出やすいといった好循環の関係もあります。

このように書くと当たり前のようですが、これまでの教育では、自分の意志を持つことが、あまり大切にされていませんでした。特に学校では、基本的に頭の力を伸ばす教育がメインになっているのが現状です。

だからこの本では、0〜6歳での「頭の力」の伸ばし方については、あえて紹介しません。

代わりに、将来「頭の力」を伸ばすためにも、0〜6歳の子の「心の力」の育て方についてしっかりとお伝えしていきたいと思います。

体の力

さて、3つ目は「体の力」です。

「何事も体が資本」ということはよく言われますが、こんなことがしたいと思ったときに、それを叶えてくれる健康な体があることはとても重要です。幸福学の研究でも、幸せ度には「体の状態」も大きく関係しており、「自分は健康だ」と思っている人ほど幸せ度が高いそうです。

だから「体の力」も、生きる力の大切な要素だと考えています。

0～6歳の段階で大切な「体の力」は、健康の土台となる生活習慣、そして基本的な身体能力です。

健康な体を作るための生活習慣とは、栄養バランスの整った食事、十分な睡眠といった基本的なことです。この本では、栄養バランスなどの一般的なことは詳しく説明しませんが、「生きる力」という観点から特に必要な部分については、しっかりとお伝えしていきたいと思います。

また、体を思い通りに動かすための、基本的な身体能力も大切です。

体を動かすためには、筋肉だけでなく、それをコントロールする脳を発達させることも必要です。だから、**脳が一生で最も急激に発達する0～6歳の頃に、体をたくさん動かすことはとても大切です**。

ただし身体能力といっても、体育やスポーツなどの特定の運動については、少なくとも0～6歳のうちからやらせる必要はありません。これも、小さい頃から指導して鍛えるという早期教育的な考え方がありますが、実は小さな子どもについては、体育指導やスポーツなどは、むしろマイナスだという研究があります。

体育やスポーツだと、どうしても体の動きが特定のものに限られてしまいます。また集団指導だと、説明を聞いたり順番を待ったりする時間が長くなります。指導方法にもよりますが、一般的には、**指導をすればするほど運動能力が低下してしまう**そうです。

では、0~6歳の頃になにをしたらいいのかというと、**手足をたくさん使って自由に遊ぶこと**です。これは体の力だけでなく、心の力を伸ばすことにもつながります。

「生きる力」をはぐくむには

それでは、0〜6歳の段階で「生きる力」をはぐくむには、具体的になにをしたらよいのでしょうか。私はそんなテーマで長年研究をしてきて、色々な教育理論や方法と出会いました。

特に大きなヒントになったのは、**「オルタナティブ教育」**と呼ばれるものです。

オルタナティブ教育とは、競争や学歴を重視するこれまでの教育に対して、**「そうではないもの」を重視している教育**の総称です。教育方法には色々なものがあり、海外で始まったものもあれば、日本で始まったものもあります。

私は、そんな教育を実際に行っている幼稚園や保育園、学校など、100カ所以上の教育現場を、日本全国から海外まで訪問して取材してきました。

オルタナティブ教育の面白いところは、「生きる力」といった言葉もなかった約100年も前から、今に至るまでずっと実践され続けていることです。実際の子どもとの関わりによって培《つちか》われてきた知恵の数々が、そこにはありました。

中でも、特に小さな子どもの教育に力を入れていて、世界中・日本中に広がり続けている代表的な教育が、

★シュタイナー教育
★モンテッソーリ教育
★森のようちえん

の3つです。

教育の内容や方法は、それぞれ全く違っています（詳しくは第2章でお伝えします）。

一方で、それぞれの教育に「共通したもの」もありました。

そこで、その中でも0～6歳の子どもにとって特に大切で、おうちの子育てでも実践しやすいものを、「生きる力をはぐくむ原則」としてまとめました。

その原則とは、次の3つです。

①子どもの気持ちを受け止める
②手足をたくさん動かして遊ぶ
③子どもと親が一緒に楽しむ

「これだけ？」と思うかもしれません。しかし、実はこれだけできれば十分なのです。

①子どもの気持ちを受け止める

ひとつ目の原則は、**「子どもの気持ちを受け止める」**ことです。

これは「心の力」のベースとも言える**「自己肯定感（self-esteem）」**を育てるために、とても大切です。

「自己肯定感」とは、子どもが色々な人との関わりの中で、**「なにができても、できなくても、自分は大切な存在なんだ。自分らしく生きていいんだ」と思える気持ち**です。

いわゆる「自信」とも混同されがちですが、「○○ができるから自分は大切」といった「能力に対する自信」ではなく、**「存在に対する自信」**です。

生きていく上で、自分が「できないこと」には必ずぶつかります。

そんなとき、自己肯定感が育っていれば、前向きに努力したり、工夫したり、あるいは人に助けてもらって乗り越えることができます。

一方、自己肯定感がうまく育っていないと、できないことがあったときに極端に言えば、「自分なんて生きていたらダメだ」と思い詰めてしまいます。できない自分を認められないので、人に助けてもらうこともなかなかできません。

逆に、自分ができていることをほかの人ができないと、「こいつはダメだ」という考え方になってしまいます。

この自己肯定感は、**「自分の気持ち」を周りの人に認めてもらうことで育っていきます**。特に、なにかが「できない」というときにも、子どもの気持ちをそのまま受け止めてあげることが大切です。

なお、言葉かけと同時に、抱っこしてあげる、撫《な》でてあげるなどのスキンシップも効果的です。

たとえば、子どもが転んでしまい、「いたいよ～」と泣きながら抱きついてきたとします。そんなときは、「泣かないの！」と言うのではなく、「よしよし、痛かったね」と言いながら撫でてあげましょう。子どもが絵を描いて「みてみて～！」と嬉しそうに見せてきたら、「もっとこうしたら？」と評価やダメ出しをするのではなく、「楽しく描いたんだね」と一緒に喜びましょう。身の回りのことを「自分でやる！」と言い出したら、大人がやったほうが早くても、「やってごらん」とやらせてあげます。

このように、**パパ・ママなら自分の気持ちをわかってくれる、ありのままの自分を愛してくれる、と心から安心できる経験をたくさんすること**で、「なにができても、できなくても、自分は大切な存在なんだ。自分らしく生きてもいいんだ」という自己肯定感が育っていきます。

すると、できることはもちろん、できないことに対しても「できるようになりたい」「やってみたい」という、**学びや成長に前向きな気持ちも自然と育っていく**のです。

自分らしくいられること、学びや成長を楽しめること、前向きな気持ちでいられること、人といい関係でいられること。

そんな幸せな心の状態のすべてのベースとして、この自己肯定感をはぐくんであげることがとても大切です。

②手足をたくさん動かして遊ぶ

2つ目の原則は、**「手足をたくさん動かして遊ぶ」**ことです。

自分の手足を動かし、夢中になってたくさん遊ぶことは、「体の力」はもちろん、「心の力」をはぐくむことにもつながります。

先ほど、生きる力には「体の力」も必要だとお伝えしました。そのときに、体育やスポーツをすると、かえって運動能力が低くなるという話をしました。その代わりにやりたいのは、**自由に外遊びをすること**です。

人間の基本的な動きは、36に分類できると言われています。外遊びを自由にするとき、子どもは走ったり、登ったり、ジャンプしたり、ぶらさがったりと、色々な動きを自然としています。だから子どもの頃は、外で思いっきり遊ぶことで、「体の力」

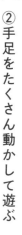

をしっかりつけることができます。

また、手足をしっかり動かして遊ぶことで、「心の力」も育てることができます。当たり前のことですが、自分から「動こう」と思わないと体は動きません。特に小さな子どもにとって、まだ発達途中の体を思い通りに動かすことは、大人が思う以上にがんばりが必要です。

しかし、子どもは「やりたい！」と心から思う遊びがあると、それに向かって自分から手足を動かします。だから、手足を動かして自分の意志で遊ぶことで、目標に向かってがんばる力などの「心の力」も育っていくのです。


一方で、手足をあまり動かさない遊びには、少し注意が必要です。

たとえば、テレビやＤＶＤ、スマートフォンなどは、親として見せたい気持ちもよくわかりますが、「生きる力をはぐくむ」という観点から言うと、なるべく控えることがおすすめです。

映像を流すと、子どもは「見ること」にエネルギーを使うため、体の動きが少なくなってしまいます。また、「見たい」という意志がはっきりしていなくても、勝手に頭に入ってきてしまいます。

内容の良し悪しに関わらず、手足を使った自由な遊びに比べると、子どもが自分の意思で自分の体を動かす時間がずっと少なくなってしまうのです。

外遊びをあまり活発にしないタイプの子の場合は、ゆっくりでも構いませんので、**一緒にお散歩をしてたくさん歩くことが大切です。**

0〜6歳の子どもにとって、走ることは体を倒して勢いをつければできますが、まっすぐ立って歩くには、自分の意志で体のバランスをコントロールする必要があります。だからこそ、なるべく歩く機会を増やすことで、体の力と心の力をしっかり育てることができます。

もし、室内で広いスペースが使えないときは、なるべく**「手先・指先」を使う遊びをすることがおすすめです。**

指先を自分の思うように動かそうとすることは、子どもの手先の神経や集中力などを育ててくれます。おままごとや積み木、ブロックやお絵かき、少し大きくなったら折り紙や工作や手芸など、手を使うことのできる遊びはたくさんあります。

大人が一生懸命、体育を教えたり、教育によさそうな映像を見せたりするよりも、子どもがやりたいことを通して、手足をしっかり動かせるようにすることが、子どもの心と体を育てることにつながるのです。

③子どもと親が一緒に楽しむ

3つ目の原則は、**「子どもと親が一緒に楽しむ」**ことです。

子どものためを思って厳しくしつけをするよりも、パパやママも子どもと一緒に笑顔で楽しく毎日を過ごすことが、子どもの「心の力」をはぐくむためになによりも大切です。

子どもは、周りのものをすべて吸収しながら育ちます。特に0〜6歳の子どもは、**大人から言われた「言葉」を理解するよりも、大人の「行動」をマネする力のほうが強い**と言われています。子どもは、**大人の表情や振る舞いを見て吸収し、マネをしながら学ぶことで、自分のものにしていく**のです。

たとえば、子どもに前向きな気持ちでいて欲しいと思ったら、「すぐに落ち込まないの」と叱るのではなく、親自身が前向きな気持ちで子どものいいところを探してあげることが大切です。人といい関係でいて欲しいと思ったら、「お友達と仲良くしなさい」と言葉で言い聞かせるよりも、親自身が子どもといい関係でいられるように、笑顔で楽しく過ごすことが大切です。

また、子どものしつけについての調査では、子どもに厳しく接する「強制型しつけ」よりも、子どもと一緒に楽しむ「共有型しつけ」で育った子どものほうが、「難関を突破する割合」が高いことがわかりました。

子どもの難関突破経験と子育ての実態に関する調査

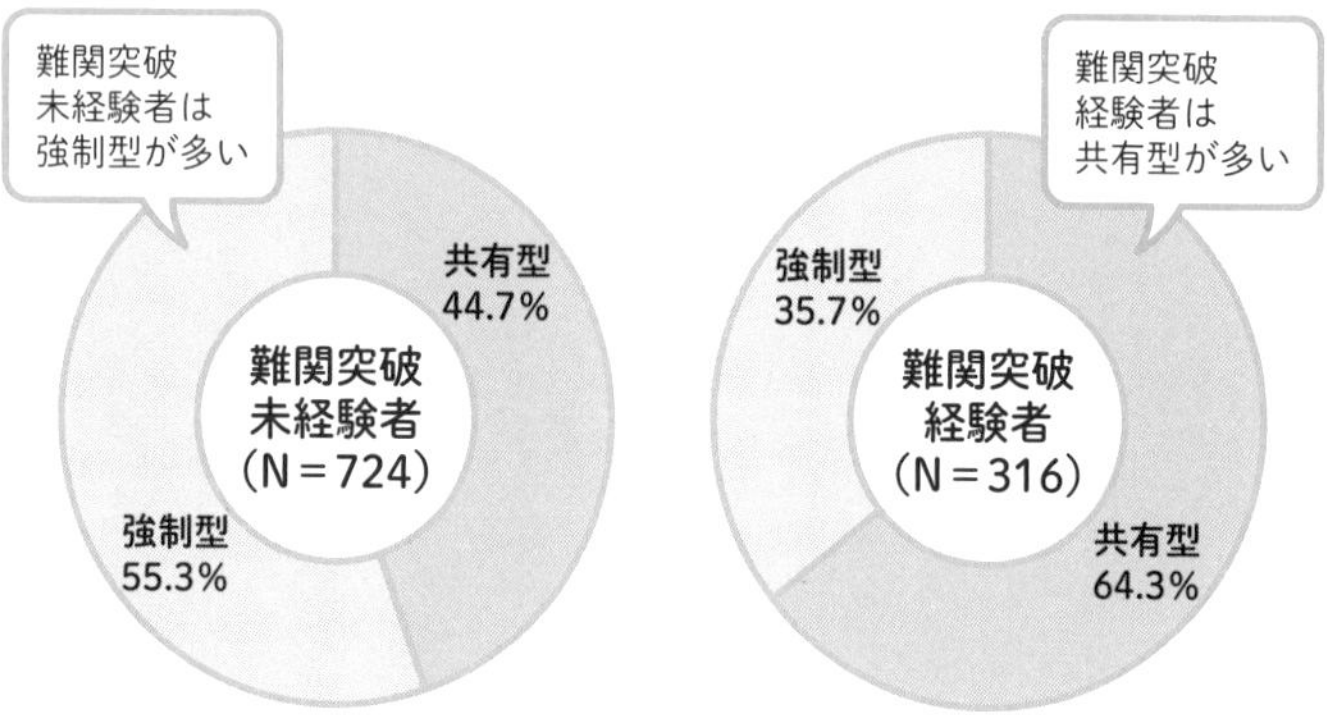

内田伸子『子育てに「もう遅い」はありません』冨山房インターナショナル、2014年より引用

「共有型しつけ」とは、「子どもを思いきり遊ばせる」「子どもの趣味や好きなことに集中して取り組ませる」「遊びの時間を子どもとともに過ごす(絵本の読み聞かせなど)」といった、子どものやりたいことを尊重し、子どもと楽しい時間を共有するような接し方です。

この調査における「難関」とは、いわゆる難関大学の入試や司法試験、医師国家試験などの難しい試験のことを指します。つまり、子どもの好きなことや楽しい体験の共有を大切にすることで「心の力」をしっかり育てたことが、「頭の力」を伸ばす土台にもなったと考えられます。

だから、子どもの将来のためにと思って厳しく言ったり、接したり、あれもこれもやらせなくちゃいけない、とがんばりすぎなくても大丈夫です。

今、この時期に子どもが幸せに過ごしていること、その幸せな時間を親子で共有できることが、将来の子どもの幸せにとっても一番大切なことなのです。

スキンシップは幸せの魔法

子どもが生まれたばかりの頃、私が一番びっくりしたこと。それは、自分の赤ちゃんと触れ合っていると、めちゃくちゃ幸せな気分になる！　ということです。ふわふわのほっぺなんて、もう最高。こんなにも「愛しい！」「かわいい！」という気持ちになるとは、自分でも思っていませんでした。

あとから知ったのですが、これには科学的な理由があるそうです。子どもとスキンシップをすると、「オキシトシン」というホルモンが分泌されます。このオキシトシンに、幸福感や相手への愛情を高める作用があるのです。なお、オキシトシンはセロトニンという脳内物質にも関係していて、不安を和らげポジティブな気持ちになる作用もあります。

ただし、このオキシトシンによって、相手との幸せを邪魔するものには攻撃的になる……という説も。私も、夫が子育てに協力してくれなかったり、上の子が下の子をいじめたりすると、すごくイライラしてしまいます。

それを乗り越えるには、やっぱりスキンシップ！　怒りを抑えて、夫や上の子をぎゅっと抱き締めてみると、お互いにちょっと気持ちが落ち着いて、冷静に話し合える気がします。

原則①の「子どもの気持ちを受け止める」ときにも、抱っこしてあげる、撫でてあげるなども効果的と書きましたが、スキンシップはまさに幸せの魔法。相手も自分も幸せを感じるために、たくさん触れ合えるといいですね。

第 2 章

「生きる力」をはぐくむ世界の教育

世界に広がる「オルタナティブ教育」とは

私がこれまで「生きる力」をテーマに研究する中で、最も参考になったのは、「オルタナティブ教育」と呼ばれる教育です。オルタナティブ教育は総称であり、実際の教育方法には様々なものがあります。

その中でも、0～6歳の子育てをする際にとても参考になるのが、次の3つです。

★シュタイナー教育
★モンテッソーリ教育
★森のようちえん

これらの教育は、どれも20世紀前半〜中頃にヨーロッパ各地で始まり、今では日本を含む世界中に広がっています。それぞれのルーツや教育内容は全く違っていますが、「子どもが幸せに生きるための力を育てる」という根本的な考え方は共通しています。

ここでは、「シュタイナー教育」「モンテッソーリ教育」「森のようちえん」について詳しくご紹介しながら、おうちでの子育ての参考になる部分についてお伝えしていきます。

色々な考え方や方法を知ることで、パパとママと子どもに一番合いそうなものや、おうちでもできそうなことを、ぜひ考えてみてください。

からだ・こころ・あたまをバランスよく育てる「シュタイナー教育」

シュタイナー教育の特徴は、**「からだ」「こころ」「あたま」のバランスをとても大切にしている**ことです。**この3つがバランスよく育っていることで、人間は本当に自分のやりたいことができるようになる**、という考え方です。

そのためシュタイナー教育では、人間の成長の段階を**「7年ごと」**に分けて、それぞれ「なにが一番大切な時期なのか」を決めています。早ければ早いほどよいとか、小さい頃からあれもこれも詰め込むという考え方とは全く正反対で、**年齢ごとに段階を踏むことがとても大切**にされています。

0～7歳は「からだ」をはぐくむ時期です。といっても、運動で体を鍛えるといったことではなく、手足をよく動かしてのびのび遊ぶことや、早寝早起きといった基本的な生活リズムをしっかり整えることで、健やかな体と心の土台を作ることが、まず大切にされています。

この時期は、刺激の多いものを見せたり、聞かせたりするようなことは、なるべくしません。おもちゃも、あえて素朴なものだけにします。**外から色々と与えすぎないことで、子どもの中に眠っている意志や想像力が育っていく**のです。

7歳から14歳までは、「こころ」をはぐくむ時期です。色々な学びや体験によって、心を動かすことを大切にします。シュタイナー教育の学校では、算数や文字を学ぶときも物語や色彩、リズムをたくさん使うことで、豊かな感情や感性をはぐくんでいます。

そして14歳以降になったら、ようやく「あたま」をはぐくむ時期です。頭をたくさん動かし、深く考えることを大切にします。数学の高度な理論を学ぶ、自分だけのテーマで卒業研究・発表をするなど、抽象的なことから具体的なことまで、自分の頭でしっかり考えられる思考力を伸ばしていきます。

ドイツの哲学者ルドルフ・シュタイナーが提唱

シュタイナー教育は、ドイツを中心に活躍した哲学者、ルドルフ・シュタイナー（1861〜1925年）が提唱しました。その思想は哲学や教育だけでなく、社会・経済・医学・農業など、幅広い分野に渡っています。

最初の学校は、第一次世界大戦直後の1919年にドイツで設立されました。

当時のヨーロッパ各国にとって、第一次世界大戦は、史上最多の死者を出した衝撃的な出来事でした。シュタイナー達は、こんなことが起こらない社会を作りたいと考え、軍国主義教育が中心の社会の中で、全く違う教育をするための学校を自分達で作ったのです。

その後、シュタイナー教育の学校や幼稚園などは世界中に広がり続けています。現在では約54カ国に1800園以上の幼児教育施設（幼稚園・保育園など）、世界約67カ国に1200校以上の学校があると言われています。

日本では、学校教育に色々な問題が起こっていた1970年代に、シュタイナー教育に興味を持つ人が急増し、1987年に最初の学校が作られました。

日本シュタイナー学校協会および日本シュタイナー幼児教育協会によると、現在日本では、全日制の学校が7校、幼児教育の園は60園以上あり、卒業生・卒園生も増え続けています。シュタイナー教育の教員養成や勉強会も、協会や各学校・園などで行われています。

ちなみにシュタイナー教育は、海外では「ヴァルドルフ教育（Waldorf education）」と呼ばれることが一般的です。最初にできたシュタイナー教育の学校は、タバコ工場で働く貧しい労働者の子ども達のために作られました。その工場を経営する会社名の一部をとって「自由ヴァルドルフ学校」と名付けられたのが、その由来です。「ヴァルドルフ」は当時の欧米ではよく知られた名称でしたが、日本では馴染《なじ》みがなかったこともあって、「シュタイナー教育」として広まっています。

シュタイナー教育に学ぶ「生きる力」の育て方

①子どもが安心できる環境を作る

シュタイナー教育の幼稚園や保育園などでは、**子どもが心から安心できる空間を作ることを大切にしています**。イメージは、**「ママのお腹の中」**です。淡く優しいピンク色のカーテンに、温かみのある木製の椅子や机が用意されています。電灯には布をかけたりして明るすぎる光は避け、窓から入る柔らかな光の中で過ごせるようにしています。

子どもの発達を早めるために刺激をたくさん与えるという考え方もありますが、シュタイナー教育では、**特に0～6歳までは、外側からの刺激をなるべく少なくし、子どもの内側から生まれる意志や創造性などを育てる**のです。

おうちでも、優しい色や手触りのものを選んで、安心できる刺激の少ない環境を作ることで、子どもは「守られている」「ここなら安心」だと感じることができます。安心できる空間で過ごすことで、ゆっくりでもその子自身のペースで育っていきます。

また、子どもとコミュニケーションを取るときも、優しく語りかけて安心感を持ってもらうことを大切にしています。多くの子ども達に話しかけるときでも、大声を出すことはありません。

そして、コミュニケーションを取るときに特に重要なのが、「叱る」ときです。お友達とケンカをしたり、なにかいけないことをしてしまったときこそ、子どもの手を優しく撫でたり、後ろから抱っこしたりしながら落ち着いて話しかけます。

おうちでも、褒めたり慰めたりするときはもちろん、叱るときにも優しくスキンシップをしながら語りかけることで、子どもの自己肯定感をはぐくむことができます。「自分を受け入れてもらえる」と安心できれば、なにがいけなかったのか、次はどうしたらいいのかと、その子なりに考えることができます。子どももすぐにできるようになるわけではありませんが、根気よく続けていくことが大切です。

②自然素材をおもちゃにする

室内のおもちゃは、木、木の実、布、羊毛などの**天然素材が中心**です。たとえば、「木のおもちゃ」ではなく、「木そのもの」です。木を様々な大きさに切って、やすりなどをかけ、手触りをよくしたものがたくさん用意してあります。あるいは、色々な

角度で置ける箱椅子や、大きな一枚布、毛糸で編んだ紐《ひも》、素朴なお人形などをおもちゃにしています。
　素材しかないからこそ、子ども達は想像力をたっぷり使い、自由に遊ぶことができます。
　木のかけらが、食べものになったり、電車になったりします。布は紐を使ってドレスになったり、魚釣りの海になったりします。箱椅子を並べれば、大きなバスや船を作ることもできます。リアルすぎない素朴なお人形は、自分で色々な表情を想像しながら、自分の手で自由に動かすことができます。

おうちのおもちゃでも、なるべく素朴でシンプルなものを選ぶことで、自由な遊びを通して子どもの想像力をはぐくむことができます。

細部まで作り込まれていたり、音や光が出たりするものは、最初は子どもの気を引きやすいですが、遊び方が限られてしまうため飽きやすい面があります。**自分で様々な遊び方ができる素材があると、想像力や発想力、そして自分でなにかを作り上げる創造力につながります**。

③やって欲しいことは一緒にやる

子どもは、よいことも悪いことも、周りのものをすべて自分の中に吸収し、マネをして学んでいきます。だから、子どもに教えたい、学んで欲しいことは、言い聞かせるのではなく、**子どもに取ってほしい行動を大人自身がすることが大切**だと、シュタイナー教育では言われています。

そのため、シュタイナー教育の先生は、子どもがマネをしてもいいような振る舞いをいつもするように心がけています。大人が目の前でやっていることを「子どもはやっちゃダメ」と言い聞かせる、いわゆる**反面教師的な学びが可能になるのは、小学生以上から**だと言われています。

おうちでも、特に子どもにやって欲しいことは、口で言うだけでなく、一緒にやってみせるほうが、子どもの行動につながります。

たとえば、お片付けをして欲しかったら、「片付けなさい！」と口で言うのではなく、一緒に楽しくお片付けをしましょう。お友達に優しく接して欲しかったら、「お友達をいじめちゃダメ！」と言い聞かせるだけではなく、大人がそのお友達に、そして子ども自身に優しく接することが大切です。

いつもお手本になることはなかなか難しいですが、「何度言っても聞いてくれない……」と困ったときは、マネしてもらいたい行動を、意識して子どもに見せてあげるようにしましょう。

1人ひとりの発達を助ける「モンテッソーリ教育」

モンテッソーリ教育の特徴は、**子ども1人ひとりが自分で育つことを助ける**ことです。子どもは生まれつき、自分で自分を成長させる力を持っています。だから、**大人はなにかを教えるというよりも、子どもが自分で育つのを助ける環境を作る**、という考え方です。

子どもが自分で自分の力を育てやすい時期のことを、モンテッソーリ教育では**「敏感期」**と呼んでいます。この敏感期は、「言語」「感覚」「小さいもの」「秩序」「運動」「社会性」といったように分類されています。分け方や時期には諸説ありますが、ひとつの例として左図が挙げられます。

モンテッソーリ教育の敏感期（一例）

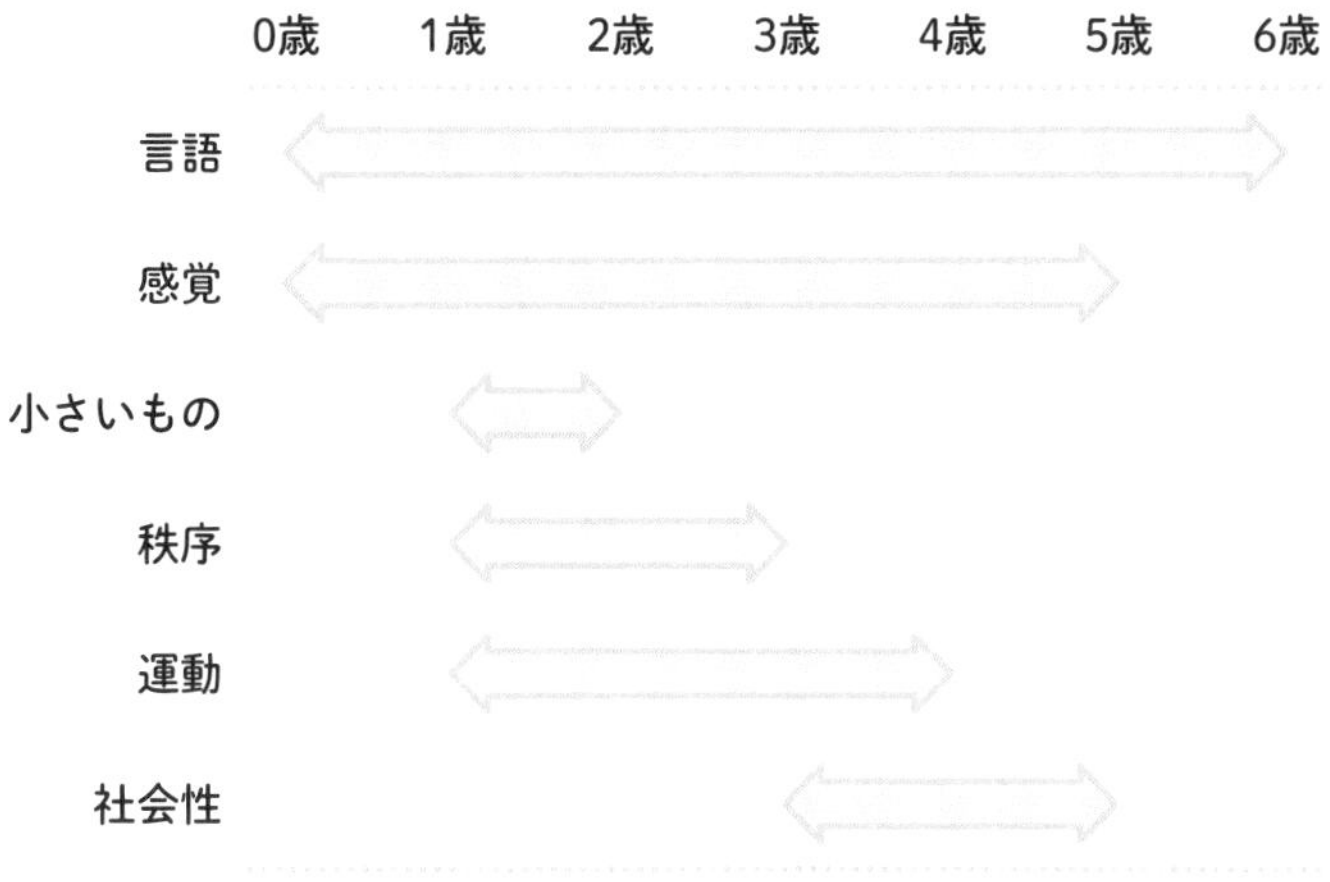

たとえば「秩序」の敏感期は、子どもが日常の中の秩序、つまり「いつもと同じかどうか」をとても気にする時期です。いつもママが座る椅子にパパが座っていると怒る、水を飲むときにいつもと違うコップだと大泣きするなど。

そんな時期に、なにかをきっちり並べたり、整えたりするような作業ができると、子どもはとても熱心に取り組み、自分の中の「秩序感」をはぐくむことができるのです。

この敏感期には子どもによって個人差があり、日によっても変わってきます。

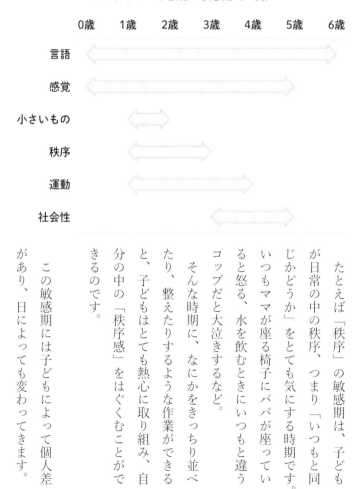

そのため、モンテッソーリ教育ではそれぞれの敏感期に合わせた活動ができる、「教具」と呼ばれる様々な道具を、教室にたくさん用意しています。

たとえば、色々な大きさの穴に円柱をはめ込むもの、目隠しをして重さの違いを当てるもの、砂でできた字を指でなぞって文字を体感するもの、つながったビーズを並べて数を体感するものなどがあります。専門教具以外にも、靴磨き、包丁で野菜を切る、ボタンつけ、蝶結び、ハサミで紙を切るなど、身近な活動もたくさんできます。

そして子どもは、そのときにやりたい活動を自分で選んで、自分で満足するまで取り組みます。大人は子どもを見守りながら、1人ひとりの必要に応じてサポートし、子どもが自分で取り組めるように導きます。

モンテッソーリ教育は、活動の中に「文字」や「数」などもあることから、早期教育的なイメージがあるかもしれません。実際、一部のメソッドだけを取り入れて、お受験準備に利用しているような幼稚園などもあります。

しかし、本来はなにかができるようになるという結果よりも、**自分がやりたいとき**

にやりたいことに取り組んで、自分の力でできるようになるというプロセスが大切です。こうしたプロセスは、子どもの自己肯定感や幸福感も、とても高めてくれます。

モンテッソーリ教育は本来、子どもが1人ひとりのペースで幸せに成長するための教育なのです。

イタリア初の女医マリア・モンテッソーリが提唱

モンテッソーリ教育は、マリア・モンテッソーリ（1870〜1952年）が提唱しました。彼女は、イタリアで初めて女性医師になった人でした。そして、当時は病気と同じように考えられていた知的障害児の教育に取り組んで、成果を上げたことをきっかけに、それを一般の子どもにも応用できるのではないかと考えました。

1907年、貧困の子どものための教育施設「子どもの家」が設立され、そこが最初のモンテッソーリ教育の場になりました。貧困地域で、広い場所を使うことが難しい中、室内に色々な教具を用意することで、子ども達が自分で様々な力を発達させることに成功しました。また、当時の貧困地域では文字の読み書きができない親もいた中で、施設の子ども達が読み書きできるようになり、情緒も落ち着いたことは画期的だととらえられ、世界的な注目を集めました。

現在、モンテッソーリ教育は世界の140カ国以上に広がっており、モンテッソーリ教育を取り入れた教育施設は3万カ所以上あると言われています。日本では、幼稚園や保育園などでの幼児教育が有名ですが、学校での教育も行われています。

日本にも、モンテッソーリ教育が実践されている保育園や幼稚園などがたくさんあります。国際モンテッソーリ協会や日本モンテッソーリ協会など、モンテッソーリ教育の講座や教員養成などをしている団体も複数あります。

また、モンテッソーリは「平和のためには子どもの教育が大切」だと考えており、その思想を受け継いで、発展途上国や難民キャンプ、ピースボート（船舶旅行）の上などでも、モンテッソーリ教育は行われています。

モンテッソーリ教育に学ぶ「生きる力」の育て方

1 子どもの興味やペースを尊重する

モンテッソーリ教育では、子ども自身が興味のあることを尊重します。敏感期には個人差も大きいので、実際になにをするかは子どもが選びます。自分ではやらずに、ほかの子の様子を見ながらやり方を学んだり、自分のやりたいことを考えたりするのも、大切なプロセスとして見守られています。

逆に、モンテッソーリの教具やメソッドを使っていても、子どもが選べなかったり、大人が無理にやらせたりするようなら、それは本来のモンテッソーリ教育とは言えません。**自分がやりたいことを、自分でやり始めることが、その子にとって一番いい学びのタイミング**なのです。

おうちでも、子どもが自分で選んで自分から始めたことが、その子の敏感期であり、発達に今一番必要なことだ、と考えることができます。

それは、大人にとって何気ないことや、困ったいたずらだと思うことかもしれません。たとえば、小さな石を拾って排水溝に落とす、台所から調理器具を全部出して並べる、歩道の白い線の上を歩くなど。

しかし、子どもが同じようなことを何度もくり返しているときは、その子なりに必要があってそうしているのです。だから、子どもがやりたがる遊びや作業、いわば**「マイブーム」をできるだけやらせてあげることが、子どもが「自分で自分を発達させる」ことにつながります**。

もし、「ここには石を入れてはダメ」といった都合がある場合は、「ものを穴に入れる作業」ができる別の場所を提案してあげたり、簡単なものを手作りしてあげたりすることがおすすめです。モンテッソーリの教具も、もともとは、子どもがやりたがることをよく観察して、それをいつでもできるように工夫して作られたものなのです。

(2) 日常の中で手先をたくさん使う

モンテッソーリ教育といえば、専用の教具があるイメージかもしれませんが、手を使う「日常生活」の活動もたくさんあります。たとえば、靴を磨く、包丁で野菜を切る、ゴマをする、ほうきとちりとりでお掃除をするなど、様々な生活道具が教室に用意されています。また、ボタンかけ、リボン結び、三つ編みなど、日常の中でよくやる手作業も、好きなだけ取り組めるようになっています。

おうちでも、年齢によって子どもがお料理やお掃除、洗濯物を畳むなどの家事

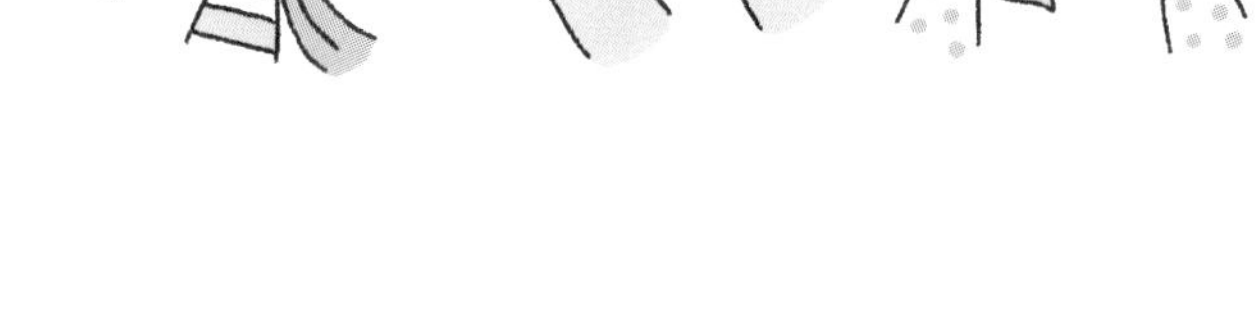

に興味を持つことがあります。そのときは、大人がやったほうが効率がよくても、なるべく子どもにやらせてあげることをおすすめします。

その際、**「子どもサイズの本物」を用意してあげるとよい**、とモンテッソーリ教育では言われています。たとえば、子ども用の包丁や小さなほうきやちりとり、雑巾など、おもちゃではなく本当に使えるもので、子ども用のものを与えましょう。また、**電動ではなく、自分の手を動かして使うものであることがポイントです**。

日常生活の中に手先を動かす機会がたくさんあることで、単に家事の練習というだけでなく、手先や感覚を発達させる貴重な機会になります。

③手順を追ってやって見せる

初めての教具や作業に取り組むとき、モンテッソーリ教育の教師は、実際にやって見せながら、1つひとつ手順を追ってやり方を教えます。このとき、**何気ない動きもできるだけ細かく分けて、ゆっくり丁寧にやって見せる**と、子どもはそれをマネして自分でできるようになります。

そして、子どもが作業をし始めたら、**大人は子どもが自分からやめるまで、口出し・手出しをせずに見守ります。**時間がかかっても、集中が続いている間は子どものペースでやらせてあげることで、自己肯定感の向上にもつながります。

おうちでも、子どもがなにかやりたがったときは、親がまず丁寧にやって見せて、やり方を教えてあげることが大切です。

その際、言葉だけで教えても子どもはなかなか理解できませんし、やっている途中で横から口や手を出されると集中できません。まず初めにやり方を見せてあげて、子どもがやっているときには、なるべく邪魔をしないことが大切です。

また、手順を追えば子どもでもできるような環境を、あらかじめ作っておくことも、モンテッソーリ流の工夫です。

たとえば、お着替えするとき、子どもが自分で脱ぎ着しやすい作りの服を選ぶ、左右や前後ろがわかりやすいように印をつける、服を片付ける場所は子どもの目線でよく見えて手の届くところにする、など。

大人にとっては、自分でやってしまったほうが早く、ラクなことも多いと思います。しかし、子どもが自分でやりたがることを手伝うこと、自分でできる環境を作ることが、子どもの生きる力をはぐくむのです。

自然の中で体験しながら育つ「森のようちえん」

森のようちえんの特徴は、**自然の中で自由に遊び、体験しながら育つ**ことです。

自然の中は、いつも多様性や変化に溢《あふ》れていて、発見や挑戦がたくさんあります。そこで自由に遊ぶことで、子どもの様々な力が育っていくという考え方です。身近な自然が減って、子どもが外で遊ぶ機会が少なくなっている背景もあり、近年とても注目を集めている教育です。

ここで「森」と言われているのは、森林に限らず、野山、畑、海、川、あるいは自然公園など、広義の自然です。

自然の中では、遊具やおもちゃがなくても、葉っぱや木、石や土などで工夫して遊ぶことができます。また、でこぼこ道や坂などの色々な地形、天気や暑さ・寒さなどの気候の変化、季節の移り変わりや生き物との出会いなど、子どもにとってとても多彩で豊かな体験ができます。

屋外中心の活動のため、場合によっては「園舎」がなかったり、素朴な小屋だったりすることもあります。雨の日には、レインコートを着て野外で遊びます。一般的には屋内でするような、お絵かきや工作、絵本などを自然の中でのびのびと楽しむこともあります。

森のようちえんでは、大人は、子どもがやりたいことを見守ります。自然の中は屋内に比べて少し危ないこともありますが、できるだけ挑戦させます。

また、子どもが興味を持つ体験をサポートするのも大人の役割です。たとえば、焚《た》き火《び》の起こし方や食べられる木の実、危険の避け方なども、実際の体験を通して学んでいきます。

といっても、アウトドア活動やサバイバル術の訓練をすることが目的ではありません。森のようちえんでは、あくまでも**子どものやりたいことを中心にして、五感を使って自由に遊ぶ中で、感性や対応力などがはぐくまれることを大切にしています。**

デンマークのひとりのお母さんの取り組みから始まる

森のようちえんは、草の根的な広がり方をした教育活動です。始まりは、1950年代半ばのデンマーク。ひとりのお母さんが、自分の子や近所の子ども達を、毎日森に連れて行って保育をしたことがきっかけだと言われています。当時のデンマークでは、保育園・幼稚園が足りなかったことが背景にありました。

そこから、自然の中での自主保育活動（親達がグループで自分達の子どもの保育をすること）が始まり、「森のようちえん」と呼ばれるようになりました。なお、その頃スウェーデンで行われていた自然体験教育の活動も、起源のひとつとなったという説もあります。

北欧のパパやママ達の自主的な活動から始まった森のようちえんですが、自然体験の大切さが多くの人々の共感を呼んで、世界各地へ広がっていきました。特にドイツでは、行政の支援がいち早く整えられて、現在では１５００以上の園があります。

日本でも、もともと「自然保育」「野外保育」「青空保育」などの色々な呼び方で、自然体験を大切にした保育や幼児教育が行われていました。

そして、１９９０年代後半頃から「森のようちえん」の概念が伝わり、従来の活動がつながったり新しい活動が生まれて輪が広がったりして、２００８年に「森のようちえん全国ネットワーク」が作られました。現在、約２５０団体が加盟しています。

森のようちえんは、もともと自主保育活動から始まったこともあって、日本でも自主保育形式の森のようちえんがたくさんあります。子どもの自然体験に適したフィールドさえあれば、園舎がなくても現地集合・現地解散で活動できるため、少人数で始めやすいのも特徴です。

自然豊かな地方自治体などでは、親子の移住や子育てを促進したいという背景もあり、このような自然を活用した保育や幼児教育をサポートしていこうという動きも始まっています。

森のようちえんに学ぶ「生きる力」の育て方

―子どもの挑戦を見守る

森のようちえんでは、子どもの「やりたい気持ち」を大切にして、**少し危険な体験もあえて見守る**ようにしています。

自然の中には、室内に比べて少し危ないこともたくさんあります。たとえば、木に登る、坂を滑り降りる、川に入るなど。そんな中で、子どもが「やりたい」と思ったことは、少し危ないことでもなるべく挑戦させてあげましょう。

おうちの近所や室内での遊びでも、小さなリスクのある場面はたくさんあります。なんでも大人が先回りして危険を防ぐのではなく、**少しの危険はあえて挑戦させてあ**

げることで、より大きな危険を避けるための判断力や対応力が育ちます。また、やりたい気持ちを受け止めてもらうことで、自己肯定感が育ちます。

このとき参考になるのは、森のようちえんやアウトドア活動でもよく使われる、**「リスク」**と**「ハザード」**という考え方です。

どちらも「危険」と訳されますが、ここで言う**「リスク」は小さな危険**を指します。たとえば、転んだりぶつけたり、ケンカしたりして、ちょっとした怪我をしたり、汚れてしまったりすることです。これは、成長のために必要な体験です。

一方、**「ハザード」は致命的な危険**のことで、高いところから落ちたり、毒のある生き物に噛まれたり、溺れてしまうことなどを指します。これは、大人の責任で前もって対策をし、きちんと防ぐ必要があります。

なお、子どもがやりたがらないことをやらせる必要はありません。森のようちえんでは、やりたくないという気持ちも大切にしています。

子どもにも、好奇心旺盛な子や慎重な子など、色々なタイプの子がいます。経験のためにと無理に挑戦させるのではなく、自分からやりたいという気持ちになれるように支えてあげましょう。

「小さな怪我が大きな怪我を防ぐ」という言葉もあります。大人にとって、手を出さずに見守るのは度胸がいりますが、ハザードは防ぎつつも、小さなリスクはあえて防いだりはせず、どうすると危ないのかという経験を子ども自身で積み重ねることが、「生きる力」につながります。

リスク

ハザード

②遊びを自分で見つける

自然の中には、室内で遊ぶようなおもちゃや、公園にあるような遊具がいつもあるわけではありません。そのため、**森のようちえんでは「遊びを自分で見つける」ことを大切にしています**。原っぱを走る、木に登る、穴を掘る、虫を観察する、葉っぱをお面にする、木の実を集めておままごとをするなど、自分の手足を動かすことで、色々な遊びを作り出すことができます。

おうちでは、近くにそんなに自然がないこともありますよね。しかし、ちょっとした公園や近所の道端などでも、木や草むら、土はあるはずです。よく観察すれば、季節の変化があり、小さな生き物がいて、色々な種類の植物があります。

小さな子どもにとっては、ちょっとした自然にも発見がたくさんあります。一緒にゆっくりとお散歩しながら、身近な自然を遊びの材料にしてみることで、森のようちえん流の体験をすることができます。

また、公園の遊具で遊ぶことはもちろんですが、その行き帰りのありふれた道でもちょっとした冒険ができます。たとえば、道端の一段高い縁石を歩いたり、階段ではなく斜面を登ったり、横断歩道で白いところを渡ったり。アスファルトの歩道でも、マンホールを必ず踏む、ほかと色が違うところを歩くといったルールを作ってみると、小さな子どもにとっては楽しい冒険のフィールドになります。

普段何気なく暮らしている地域でも、子どもの目線で観察することで、色々な遊びが見つかるかもしれません。

(3)体験や感動を共有する

森のようちえんは自主保育から発祥したこともあり、**子どもと親が体験を共有すること、また子どもと一緒に親も楽しむということが、とても大切にされています。**

そんな森のようちえんの人々に、バイブルのように親しまれている本があります。

世界で初めて環境問題に警鐘を鳴らしたレイチェル・カーソンの著書『センス・オ

ブ・ワンダー』です。

この中で著者は、子どものセンス・オブ・ワンダー（sense of wonder）、つまり、「きれいなもの、新しいもの、未知なものに触れて感動したり、不思議だなと思う感性」をはぐくむことが大切だと語っています。

子どもには、生まれつきこの感性がそなわっています。そして、それを保ち続けるためには、「私たちが住んでいる世界の喜び・感激・神秘などを、子どもと一緒に再発見し、感動を分かち合ってくれる大人が、少なくとも一人、そばにいる必要があります」と書かれています。

おうちでも、子どもと親が体験を共有し、子どもの発見や感動に共感してあげることで、このセンス・オブ・ワンダーを育てることができます。

特に、自然の中には、子どもにとってきれいなもの、新しいもの、未知なものがたくさんあります。それを子どもが発見して驚いているときに、大人が否定したり、

「これは◯◯だよ」とすぐに知識を教えたりせず、まずは子どもと一緒に「わあ、すごいね」と感動してあげることが大切です。

そんな大人が側にいることで、子どもは自分のセンス・オブ・ワンダーを大切にできるようになります。そしてこの感性が、**そう感じたものについてもっとよく知りたいという気持ちにつながり、学びや成長を楽しむ心の力が育っていく**のです。

叱られることがその子の才能？

子どものやりたいことを大切に、という話を書いてきましたが、これにまつわる面白い話を聞いたことがあります。子どもはみんな、なにかしら才能を持っています。それがなにかを考えるには、「褒められること」だけでなく、「叱られること」もヒントになる、という話です。

人から褒められるようなことも、もちろん才能ですが、褒められたいからやるという面もあります。一方、よく叱られるようなことは、「叱られてでもやりたい！」という熱意がその子自身にあるからこそ。それも才能の証拠だ、というのです。
たとえば、「おしゃべりでうるさい」と叱られる子は、「話す才能」があるということです。将来、講演やプレゼンがうまくなるかもしれません。「食べてばっかり」と叱られる子は、「食の才能」があるので、食べ物や料理に関わる仕事に向いているかもしれません。

思えば私も、「本を読みすぎ」だと叱られていました。本が好きすぎて、食事中やお手伝い中など、いつでもどこでも本を読んでしまうからです。

ちなみに、私は上の子を「声が大きすぎる」と叱ってしまうことがよくあります。しかし、この大きな声も、いつかなにかに生かせるかもしれない……と思うことにしています。
何度も同じことで叱ってしまうときは、「これがこの子の才能かも」と想像してみると楽しいかもしれません。

第 3 章

年齢別
「生きる力」の育て方

成長の段階に合わせたポイント

0～6歳は、一生で一番成長のスピードが早いときです。年齢によって、子どもができることや、親としてやってあげたいことは変わってきます。

本章では、シュタイナー教育、モンテッソーリ教育、森のようちえんで実践されていることを参考にしながら、赤ちゃん期（0～1歳頃）、イヤイヤ期（2～3歳頃）、個性が伸びる時期（4歳以降）と、それぞれの年齢に合わせた「生きる力」の育て方をお伝えします。

赤ちゃん期（0〜1歳頃）

日常のお世話を丁寧にする

「生きる力」をはぐくむために、赤ちゃんのときにしておきたいことは、特別なことではありません。まずは赤ちゃんが心地よく毎日を過ごせるように、授乳・食事、おむつ、寝かしつけなどの**日常のお世話を１つひとつ丁寧にしてあげることが、なにより大切です**。

赤ちゃんは、自分ではなにもできません。そんな時期に、**無条件に愛情を注いでお**

世話をしてあげることが、無意識の中で自己肯定感をはぐくむのです。

このとき、できれば**笑顔をいっぱい向けてあげたり、スキンシップをたくさんしてあげたり、優しく声をかけてあげるとよい**でしょう。心を込めて優しくお世話してあげるだけでも、心の力をはぐくむ教育になります。

また、体の力をはぐくむためには、ねんねやハイハイのときに、できるだけ**のびのびと自由に手足を動かせるようにしてあげることがおすすめです。**ベビーサークルなどで囲うのではなく、部屋の

中にある危ないものにはあらかじめ対策をして、安心して動き回れる部屋を作ってあげるとよいでしょう。歩行器など、**赤ちゃんの自然な動きを制限してしまうものも、なるべくないほうがいい**と言われています。

なお、ハイハイやたっちの時期、人見知りや夜泣きの度合いなどは、個人差がとても大きいものです。これは、その子の生まれつきの個性につながるものなので、ほかの子と比べすぎず、焦らないで見守ってあげましょう。

ただ、もし発達について気になるようであれば、行政による子どもの発達相談窓口などを気軽に利用することも大切です。早いうちに対応することで、発達の特性を知り、ケアもしやすくなります。

たくさんの人に手伝ってもらう

特別なことはしなくていいとは言っても、実際は日常のお世話だけでも十分大変です。毎日をがんばるためには、親自身の心のゆとりと体の健康がとても大切です。

はっきり言って、パパやママだけで子育ては無理なのが当たり前です。家族や地域の子育て支援、一時保育やベビーシッター、家事代行など、**育児や家事で頼れる相手をたくさん持っておくことが、子どものためにも大切です。**

ただでさえ、産後のママの体は大きな交通事故に遭ったときくらいのダメージを受けていると言われています。

さらに、精神に影響するホルモンのバランスも崩れやすい状態になります。これにより、気持ちが極端に落ち込んでしまう「産後うつ」や、身近な人にイライラして攻撃的になってしまい、「産後クライシス」（出産後から2～3年の間に夫婦仲が急激に悪化し、夫婦関係の危機に陥《おちい》ること）を招きやすくなっています。

これは体の仕組みなので、ママの理性だけではがんばれません。産前からパパや家族と知識を共有して、落ち込みやイライラの原因となる家事や育児をできる限りサポートをしてもらうことが大切です。産後専門のサポートをしてくれる「産後ドゥーラ」に頼るという方法もあります。

「おっぱい以外はママじゃなくてもできる」を合言葉に、なるべく多くのことをママ以外の人にやってもらうくらいがおすすめです。

サポートがあっても、精神の不調は避けられない面もありますが、「そういう体の仕組みなんだ」ということがお互いにわかっていれば、コミュニケーションを取ることで緩和しやすくなります。

最新の育児の知識を共有する

そんな産後のサポートで、一番力になってくれるのは自分の親という方も多いと思います。ただ、今と昔では、「育児の常識」が大きく変わっていることには注意が必要です。

これは価値観の違いだけではなく、子育てに関する研究が進んだことも原因です。たとえば、母乳とミルクについて。以前は、母乳だけでなく粉ミルクや果汁も飲ませる必要があると言われていました。

しかし、現代は研究が進み、母乳は栄養満点ということがわかったため、栄養のためにほかの飲み物を足す必要はありません。

一方、ミルクの栄養素も進化していて、粉ミルクや液体ミルクといった種類も増えています。母乳とミルク、どちらのほうが絶対によいということはありませんので、ママの体調や状況によって選ぶとよいでしょう。

また、一昔前は、抱っこしすぎると抱き癖がつくから控えめにするように言われていました。しかし現在、抱っこは子どもの心にとって、とても大切なことだとわかっています。

泣いたらすぐに抱っこして、スキンシップをしてあげることは、自己肯定感や親子の絆をはぐくんでくれます。抱っこはどれだけしても、しすぎるということはないので、たくさん抱っこしてあげましょう。

このような知識の違いは、パパ・ママの親世代の人達も、当時「正しい」と言われていたことを一生懸命取り入れてくれていたからこそです。今の知識も、いつかは古くなるかもしれません。

しかし、子どもにとって一番よいことをしてあげようと思う気持ちは、いつの時代も同じです。こうした知識のギャップをカバーするための「孫育て」の講座や書籍などもあります。最新の知識を共有することで、気持ちよく協力してもらえるといいですね。

イヤイヤ期（2〜3歳頃）

生活リズムを体に習慣づける

2〜3歳頃の子どもの大きな特徴は、子どもがなかなか言うことを聞いてくれない**「イヤイヤ期」**です。時期には個人差がありますが、おおよそ1歳半〜3歳頃までがイヤイヤ期にあたると言われています。

ちなみに日本語では「イヤイヤ期」「魔の2歳児」「第一次反抗期」と呼ばれていますが、英語でも「the "No" phase（NO期）」「terrible twos（ひどい2歳児）」などと呼ばれています。世界共通の悩みなんですね。

ご飯もイヤ、お散歩もイヤ、お風呂もイヤとなると親のほうがイヤになってきますが、この時期の**イヤイヤは、子どもが順調に成長している証拠です**。

脳科学の研究によると、この時期は、あれがやりたい・やりたくないといった自我が発達してくる一方で、それにブレーキをかけてくれる理性の機能（前頭前野）がまだ発達していないそうです。だから、時と場合にお構いなく、気持ちが爆発してしまい、自分でもコントロールできないのです。

もちろん、**育て方やしつけのせいでは全くありません**。正常な発達のプロセス

で起こることなので、脳が育ってくれば自然と収まっていきます。

脳が物理的に育っていないときに、口でいくら言ってもイヤイヤをやめさせることはできません。0〜1歳よりも言葉は通じるのでつい言い聞かせたくなるのですが、言葉は理解できても、言うことを聞くのは難しい年齢なのです。この時期は、大人のほうが目をつむって、脳の成長を待つしかありません。

そうはいっても、特にご飯やお風呂など、絶対やらないといけないことにもイヤイヤをされると参ってしまいます。そんなときは、**毎回言い聞かせて行動させるのではなく、毎日のくり返しによって体に習慣づけることがおすすめです。**

起きる時間、お散歩の時間、食事やおやつの時間、寝る時間など、できるだけ決まった生活リズムで行うことで、理性ではなく体が覚えて、自然と動いてくれやすくなります。いつも同じときに同じことをする、という安定した生活リズムが大切です。

色々な場所へお出かけするのもなかなか大変な時期ですので、無理をしてまで新しい体験をさせる必要はありません。いつも通りの身近な環境でたっぷりと遊ぶことが、この時期は大切です。

というのも、生まれて2〜3年しか経っていない子どもにとって、世界はまだまだ未知のものばかりです。大人にとっては退屈な日常でも、子どもには十分発見や挑戦が多く、普段の生活や遊びの中で新しいことを学んでいます。

なにをするにも一苦労なこの時期は、「毎日元気に生きていれば十分」くらいの気持ちで過ごすことがおすすめです。

気持ちは認めて、行動は止める

この時期は、まだ善悪の区別もあまりついていませんし、自分の行動の意味や結果もよくわかっていません。一方、自我は育ってきているため、パパやママに認めてもらいたい、自分の気持ちを受け止めて欲しいという想いは強くなっています。

親として特にヒヤヒヤするのが、お友達に怪我をさせそうなときや、人に迷惑をかけてしまいそうなときですよね。そんなときは、**子どもの「気持ち」は認めてあげながら、「行動」は止めることがおすすめです。**

たとえば、お友達とおもちゃを取り合ってケンカしたら、「このおもちゃ、使いたかったんだね」と気持ちは認めてあげつつも、「でも、叩いたらダメだよ」と、手足ごと抱きしめて、叩いたり蹴ったりすることは物理的に止めます。

ケンカが何度も続くようなら、抱っこして別の場所に連れて行くなど、状況を変えてあげるといいでしょう。この時期は、ただ自分の欲求を通したいだけで、相手を傷つけてやろうとか、困らせてやろうといった悪気があるわけではありません。やりたい遊びを思いっきりできれば、子どもの気分も落ち着いていきます。

ちなみに、子どもは「ごめんね」といった言葉も意地になって言えないことがよくありますが、そういうときは無理に言わせるよりも、大人がしっかりと言う姿を見せてあげましょう。大人がお手本を見せてあげていれば、イヤイヤ期が終わる頃には自然とできるようになっていきます。

とはいえ、なかなか思うようにいかないときも多いと思います。あまり思い詰めすぎず、臨機応変な対応でも大丈夫です。時には、おやつで誘ってみる、おもちゃで釣ってみるなど、子どもの好きなもので気持ちを切り替えるという方法もあります。「そんなことでいいの?」と思うかもしれませんが、イヤイヤ期はあくまで一時的なものです。少しでもお互いのストレスを減らし、楽しく過ごせる工夫をしながら乗り切ることがおすすめです。

人と関わる機会を増やす

イヤイヤ期を過ぎると、やっと自分で自分を抑える力が育ち始めます。言葉でのコミュニケーションも発達してきて、人の気持ちを理解できるようになり始めます。自分が中心だったイヤイヤ期と比べて、周りの人のことを意識できる社会性が芽生えてくるのです。

この時期にとても大切なことは、**「人との関わり」**です。家族や友達、先生など様々な子どもや大人と関わることで、コミュニケーションの力が育っていきます。

この年齢では、幼稚園や保育園などに通っている子どもがほとんどだと思います。そのような集団の中でも、これまで以上にお友達との関係が気になり始めます。ケンカやぶつかり合いもありますが、自分と違う人と関われる機会があるからこそ、コミュニケーションは豊かになります。

同い年の子どもだけでなく、色々な年齢の子と関わる機会があることも大切です。第2章で紹介した、「シュタイナー教育」「モンテッソーリ教育」「森のようちえん」は、3〜6歳の異年齢の子ども達が同じクラスで一緒に過ごす「縦割り保育」という共通点があります。下の子は、上の子のやることを見てお手本にしたり、お世話をしてもらって憧れたりします。上の子は、下の子との関わりを通して優しさやリーダーシップを身につけます。

兄弟姉妹が少ない現代において、年齢の違う子と触れ合う機会は貴重です。ご近所さんや親戚でも、年上や年下の子と遊べる機会があれば大切にしましょう。

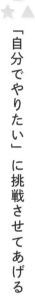

「自分でやりたい」に挑戦させてあげる

4歳以降になると、だんだん自分でできることが増えてきます。たとえば、お着替え、食事、おトイレなど。遊びのバリエーションも広がり、体力もついてきます。**子どもが、色々なことを「自分でやりたい」「自分でできる」とやりたがるようになったら、なるべくやらせてあげることが大切です。**

もちろん、まだ上手にできないことも多く、時間がかかるからやらせたくない、という場合もあると思います。しかし、自分でやりたいときに挑戦できることが、子どもの「心の力」を育てるためにとても大切です。結果として「できた」ときはもちろん、「うまくできなかった」というときでも、「やりたい」という気持ちを受け止めてもらえたことが、自己肯定感につながります。すると、「次はもっとがんばろう」あるいは「ほかのことにも挑戦したい」という前向きな気持ちを持てるようになっていくのです。

ただ、これは**子どもの言うことをなんでも聞いてあげるという意味ではありません。**

状況的にどうしてもやらせてあげられないときは、無理をしなくても大丈夫です。ただそんなときも、「やりたいよね」と気持ちは受け止めてあげましょう。そしてできれば、代わりにその子にでもできそうなことを提案してあげたり、やってもいいような状況をあとから作ってあげたりしましょう。

また、心の力を育てるために大切なことは、あくまでも子どもの「気持ち（精神的な欲求）」を受け止めてあげることです。「おもちゃが欲しい」「お菓子を食べたい」といった**モノを欲しがること（物理的な欲求）については、いつも言う通りにする必要はありません**。

0〜6歳は、まだモノの必要性について自分で判断することは難しい年齢です。子どもにとって今本当に必要なのか、大人がしっかり判断してあげることが大切です。

「安心したい」を受け止めてあげる

さて、色々できるようになってくると、つい、できることは自分でやりなさいと言いたくなります。

しかし、**子どもの心の力は、「自分でできる・やりたい」という気持ちと、「甘えたい・安心したい」という反対の気持ちを行ったり来たりしながら成長していきます**。

つまり、一度できるようになったことでも、**「できない」「やりたくない」という気持**

ちに戻ることがよくあるのです。

そんなときは、いわば「やる気」の充電期間です。「自分でできるんだから、甘やかしてはいけない」と突っぱねずに、なるべくやってあげたり、スキンシップを増やしたりと、あえて甘えさせてあげましょう。「やりたくない」という気持ちも受け止めて安心させてあげることで、「自分でやりたい」という自立心が再び育っていきます。

特に、下の子の出産や引っ越しなどの**大きな環境の変化があると、できていたことを急にやらなくなる「赤ちゃん返り」が起こりやすい**と言われています。

これも、「安心したい」という気持ちの表れです。特にママは、下の子が生まれたばかりだと、どうしてもそちらに手が偏りがちになります。すると上の子は、「もう自分のことは好きじゃないのかな……」などと不安になってしまうのです。

そんなときは、下の子のお世話をできるだけパパやほかの大人にやってもらい、ママはなるべく上の子をケアしてあげましょう。本当にできなくなったわけではないので、気持ちが落ち着けば、以前できていたことは必ずまたできるようになります。

また、幼稚園や保育園、あるいは祖父母の家などではできているのに、おうちではやりたがらない、というパターンもあります。

これは親としては大変ですが、実はいいことなのです。「おそと」でいい子なのは、それだけ一生懸命がんばっている証拠です。逆に「おうち」で甘えるのは、そんな自分も受け止めてもらえるというパパやママへの信頼や自己肯定感が育っている証拠だからです。むしろ、これが逆転していると要注意だと言われています。

「『つ』がつくまでは膝《ひざ》の上」という言葉もあります。これは、ひとつ、2つと数えて9《ここの》つ、つまり「つ」がつく9〜10歳くらいまでは、おうちではたっぷりスキンシップをして、安心させてあげることが大切だという意味です。**小さな子どもの頃に甘えたい気持ちをたくさん満たしてあげることで、大きくなってからの自立心がしっかり育ちます。**

叱るときは「正しい行動を伝える」

イヤイヤ期を抜けると、子どもは簡単なルールや約束を守れるようになっていきます。まだ気分にムラはありますが、基本的には**「正しいことをしたい」という気持ちが芽生えてくるため、親はこれまで以上に、なにが「正しいこと」なのかきちんと教える必要があります**。

正しいことを教えるときに大切なことは、**子どもの「気持ち」は否定せず、正しい「行動」を伝える**ということです。

たとえば、友達とおもちゃを取り合ってケンカしてしまったとき。理由も聞かずに「ケンカしちゃダメでしょ！」と叱ってしまうと、「どうしてケンカしたのか」という、その子の気持ちも否定することになってしまいます。それを続けていると、そのうち反発したり、やる気がなくなったり、親の顔色ばかり伺ったりするようになります。

まずは、「どうして怒っちゃったのかな?」「どうしてケンカしちゃったの?」などと理由を聞いた上で、「そっか、それがイヤだったんだね。でも、ケンカはいけないよ」と、気持ちと行動を分けて、正しい行動をきちんと伝えることが大切です。

イヤイヤ期の対応と基本的には同じですが、4歳以降になるともう少し聞き分けがよくなって、正しい行動を自分でしやすくなっていきます。とはいえ、一度教えたらすぐにできるようになるわけではないので、何度でも根気よく伝える必要があります。

また、人との関わり方には、まだ大人のお手伝いが必要な時期です。おもちゃを取り合っていたら、「順番に使ったらどうかな?」「代わりにこっちを使うのはどう?」などと、問題を解決するための行動についても、一緒に考えてあげましょう。

褒めるときは「プロセスを認める」

子どもを褒めるときに大切なことは、**「結果」を評価するのではなく、「プロセス（気持ち・行動）」を認めること**です。

つまり、「上手にできたら褒める」のではなく、「がんばった気持ち」や「やったという行動」を褒めるということです。できのよさ（結果）に関わらず、「がんばったね」「よくやろうとしたね」と褒めてあげることが大切です。

もちろん、学校や社会に出たら、プロセスよりも結果が評価されることも多くなります。だからこそ、大きくなってからそんな厳しい現実に向き合ったときにも、がんばろう、やってみようと思える心の力を育てておくことが、小さな頃の子育てでは大切なのです。

また、結果の大小に関わらず褒めてあげることも大切です。

たとえば、子どもが正しい行動ができたとき。大人にとっては当たり前かもしれませんが、子どもにとっては一生懸命がんばった証拠です。

ちょっとした約束が守れたときや、人に優しくできたときなど、小さなことでもなるべく気づいて、「ありがとう」「とっても嬉しいな」と嬉しい気持ちを伝えてあげることがおすすめです。また、「もっとがんばって」と励ますよりも、「よくがんばってるね」と今のがんばりを認めてあげることで、子どもは「またがんばろう」「もっとがんばろう」という気持ちになっていきます。

さらに、**子どもの心の力を一番はぐくむのは、「自分がやりたいと思ってやったことを認めてあげること」です**。子どもが好きなこと、得意なこと、自分から進んでやったことこそ、思いっきり褒めてあげましょう。自分らしい行動を認めてもらうことが、子どもにとって一番嬉しいことなのです。

その子をその子らしく伸ばす

4歳以降は、いわゆる**性格の個性が伸びてくる時期**です。同じ物事に対しても、考え方や感じ方、行動の違いがはっきりしてきます。

個性は「遺伝」と「育った環境」の2つからできていますが、その割合はおおよそ半々くらいだと言われています。子どもの個性がパパ・ママにとって思いがけないものだと、「誰に似たんだろう」とか「育て方のせいかな」と悩むこともあるかもしれません。

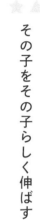

ただ「遺伝」といっても、遺伝子の組み合わせパターンはとても多いため、単純に親に似るわけではありません。また「育った環境」といっても、その影響のしかた自体が子どもの個性によって変わってきます。

言ってみれば、個性は完全な「運」です。どんな個性であっても、その子をその子らしく伸ばす、つまり**生まれ持った個性を生かして育てることが大切です**。

とはいえ、親と子どもの性格が全く違う場合、子どもの気持ちや行動が理解できなくて、どうしたらいいのか困ってしまうこともあります。

そこでひとつのヒントとして、シュタイナー教育で活用されている「4つの気質」という考え方をご紹介したいと思います。

個性がわかる「4つの気質」とは

シュタイナー教育では、**人はみな、「怒りんぼう」「ほがらか」「おっとり」「繊細」の4つのタイプの気質を持っている**と考えられています。誰もがこの4つすべてを持っているのですが、特に子どもの頃はこのうち、ひとつか2つの気質が強く出やすいと言われています。

どの気質がいい・悪いではなく、それぞれにいいところ、困ったところがあります。子どもにどの気質が強く出ているのかを考え、気質に合わせた対応をすることが大切です。

まずはチェックリストから、自分の子どもに当てはまるものをチェックしてみてください。チェックが多くついたところが、強めに出ている気質です。

4タイプの気質　チェックリスト

怒りんぼうタイプ	主張が激しく、我が強い	□
	かんしゃくを起こしやすい	□
	カッとなると叩いたり蹴ったりしがち	□
	戦いごっこや勝負が好きで、負けず嫌い	□
	なんでも白黒をはっきりつけたがる	□
	早起きで、朝から元気	□
	目力が強く、人をまっすぐに見る	□
	いったんやり始めると最後までやり遂げる	□
ほがらかタイプ	表情がくるくる変わる	□
	好奇心旺盛ですぐにどこかに行ってしまう	□
	いつも手足が動いている	□
	気持ちの切り替えが早い	□
	人懐っこく、誰とでも気さくに話す	□
	「○○大好き～！」が口癖	□
	楽天的、楽観的	□
	すぐに新しいものを欲しがるが、すぐに飽きる	□
おっとりタイプ	ひとつのことに長い間集中できる	□
	同じことを何度もくり返したがる	□
	のんびりひとり遊びをするのが好き	□
	人に従いやすく、周りと衝突しにくい	□
	動きや話すスピードがゆっくり	□
	じっと待つことが苦にならない	□
	食いしん坊で、よく食べる	□
	たっぷり眠るのが好きで、ねぼすけ	□
繊細タイプ	心配性で悲観的	□
	声をかけても、体がすぐに動かない	□
	過去のことをびっくりするほど覚えている	□
	服の着心地が気になってぐずることがある	□
	耳や鼻がよく、音や香りに敏感	□
	痛がりで、ちょっとのことでとても痛がる	□
	予定していた計画を変えるととてもイヤがる	□
	ルールや決まりごとは几帳面に守る	□

いかがでしょうか？
よくわからない場合は、ぜひ子どもをじっくり観察したり、ほかの人から見た子どもの様子も聞いたりしながら考えてみてくださいね。

それでは、この４つのタイプの気質について、それぞれの特徴を紹介していきます。
また、それぞれの気質に合わせた「褒め方・叱り方」についても解説します。

怒りんぼうタイプ

この気質が強い子は、怒りっぽくて負けず嫌いです。その分、意志が強くて行動力も抜群です。思うようにいかないと爆発するように怒ってしまうこともありますが、そのエネルギーをうまく生かせば、頼りがいのあるリーダー的存在にもなれます。

褒め方

この気質は向上心が強くて、「目標」を達成するのが大好きです。「自分が食べたお皿を運ぶ」「パジャマを自分で着る」など、ちょっとがんばれば達成できる目標を一緒に設定して、できたら褒めてあげることでやる気が出ます。「自分が思うようにやりたい」という気持ちが強いので、途中で口出ししすぎないことが大切です。また、褒めるときは「お皿をすぐに運んでくれてありがとう」などと、**具体的によかったところや、感謝の気持ちを伝える**と喜びます。

尊敬できる人、目標になる人がいると伸びやすいので、そんな人に出会えるよう、色々な人と出会う機会を作ってあげられるとよいでしょう。

叱り方

この気質は、特に小さい頃はつい手が出たり、暴れたりしてしまいがちです。しかし、本人の中ではきちんと理由があるため、怒っているときに叱ってしまうと、火に油を注ぎます。なるべくゆったり構えて、少し時間を置いてあげる必要があります。

落ち着けば人の話も聞けるようになるので、そのタイミングで理由を尋ねましょう。そして、「だから怒っちゃったんだね」と気持ちは認めつつ、「でも、叩いたのはよかったかな?」と、**行動を一緒に振り返りながら反省を促す、を地道にくり返すことが大切です**。

また、エネルギーを持て余すとかんしゃくを起こしやすくなります。外遊びでたくさん体を動かしたり、力仕事をやってもらったりしてエネルギーを発散させてあげましょう。

なお、小学校高学年くらいになると怒りをコントロールできる自制心が育ってきます。長い目で見て待ってあげましょう。

ほがらかタイプ

この気質が強い子は、いつもほがらかで活発です。好奇心旺盛でなんにでも興味を持ち、新しいことをたくさん思いつくアイデアマンです。人と一緒に楽しむのが大好きで、みんなの人気者になることも。ただし、気まぐれで飽きっぽい面もあります。

褒め方

この気質は、新しいことを思いつくのが大好きです。いつも面白いことを見つけるので、その度に「すごーい!!」と褒めてあげると、嬉しくてやる気を出します。注目されたり褒められたりするのも好きで、「かっこいい!」「かわいい!」など、ちょっと大げさに褒めても素直に受け取って喜んでくれます。人を褒めることも得意で、パパやママを褒めてくれることもあります。そんなときは笑顔でお礼を言って、褒め返

してあげましょう。
大好きな人が側にいると、その人を喜ばせてあげたいという気持ちで伸びていきます。子どもの頃は、パパ・ママがその「大好きな人」になってあげられるといいですね。

叱り方

この気質は、褒められるのが好きな分、叱られたり批判されたりすると、つまらなくなってやる気を失ってしまいます。「これはダメ」ではなく、「こうしたらもっとよくなるよ」という**提案だと、前向きに受け止めてくれやすくなります。**

また、色々なものに興味を持つ分、気まぐれで飽きっぽく、ひとつのことを長続きしにくいのが、この気質の特徴です。おもちゃを買っても、すぐに飽きてしまうというときは、気に入ったおもちゃをしばらく隠しておいて、また出してあげると、喜んでまた遊んでくれるので長持ちします。

また、色々なことに気軽にチャレンジできるので、その中に特に好きなもの、強く興味を示すものもきっとあるはずです。長続きしそうなものを見つけることで、持続力を養うことができれば理想的です。

おっとりタイプ

この気質が強い子は、いつもおっとり、のんびりして穏やかです。持続力があって、一度なにかに取り組むとずっと続けることができます。人当たりがよく温厚なので、みんなの癒やし役になることも。その一方で、ひとりでも平気なマイペースさもあります。

褒め方

この気質は、ひとつのことにじっくり、くり返し取り組むことが大好きです。そのプロセス自体を楽しんでいます。そのため、たとえば積み木で遊んでいる場合、「高く積めたね」と結果を褒めるよりも「積み木を積むのが楽しいんだね」など、**やっていることの楽しさに共感してあげたり、プロセスを褒めてあげたりすると安心します。**

ただその分、あまり色々な物事に興味を持たないため、やりたいことがなかなか見つからないときもあります。

自分で興味のあることを見つけるより、

周りの子が興味を持っていることに興味を示しやすいので、色々なタイプのたくさんの子どもと遊ぶ機会があるといいでしょう。

叱り方

この気質は温厚でおおらかなため、素直に言うことを聞いてくれることも多いですが、ペースがゆっくり、のんびりなので、遅く感じてじれったいときもあります。しかし、「早く早く!!」と強く急かしたり、叱ったりしていると、心の中に壁を作ってしまい、ますます反応が鈍くなってしまいます。

ゆっくりでも成長しているので、だんだんと周囲に合わせられるようになります。**焦って叱りすぎず**、たとえば朝の準備が遅かったら起こす時間を早くしてみるなど、**子どものペースに合わせる工夫をしてあげることが大切です**。

なお、食いしん坊になりやすい傾向があるため、あまり食べすぎないように気をつけてあげましょう。

繊細タイプ

この気質が強い子は、とても繊細で鋭い五感や感受性を持っています。色々なことを敏感にとらえる一方で、何事もじっくり考えるため、行動は慎重で控えめです。まじめで誠実な分、思い悩みがちなところもあります。

褒め方

この気質は、物事を深く考えることが大好きです。考えすぎて不安になることや、行動できないこともあるので、「いつもよくがんばってるね」と、**人一倍たくさん褒めて、安心させてあげるくらいの気持ちで接するとよいでしょう**。ただし、嘘やごまかしは見破る鋭さがあるため、「ここの色がとってもきれいに塗れたね」などと、**いいところを具体的に褒めてあげることが大切です**。

五感に優れていて感受性が豊かな分、痛みや不快感、悲しみや辛さなども人より強く感じます。もし、子どもが落ち込んでいるときは、「それくらい大丈夫だよ」などと軽く流すのではなく、たとえ大げさだと思っても、「すごく辛かったんだね」と親身になって同情し、慰めてあげましょう。

叱り方

この気質は、色々なことを敏感に感じ、深く考えるため、悲観的になりやすい特徴があります。ちょっとした言葉も深刻にとらえるため、「そんなことしちゃダメでしょ！」などと強く叱ると、親が思った以上に傷ついて、ますます後ろ向きになったり、必要以上に泣いたり怒ったりしてしまうこともあります。

どうしても注意したいことがあるときは、「この素敵な絵をもっと描いて欲しいから、床じゃなくて机で描こうか」などと、**まずはいいところを褒めてあげながら、改善して欲しいところを具体的に優しく伝えることが大切です**。

まじめで完璧主義なところもあるため、ルールや約束がちゃんとわかれば、自分なりに一生懸命がんばることができます。

また、「自分は世界一不幸だ」などとひとりで思い詰めてしまうところがあります。そんなときは、辛い出来事を乗り越えた人の体験談などが聞けると、「辛いのは自分だけじゃないんだ」と慰められて、自分の殻を破る力になります。

「4つの気質」の活用方法

4つの気質は、どれかひとつだけが強く出るとは限らず、2つ以上が組み合わさって出ることもあります。

左図で隣り合っているタイプは、組み合わさりやすいと言われています。たとえば、アイデアマンで行動力もある子は、ほがらか＋怒りんぼうタイプ。人に優しくて感受性が豊かな子は、おっとり＋繊細タイプなど。隣同士の場合、2つの気質が混ざり合って出てきます。

ただ、まれに向かい合わせのタイプが組み合わさることもあります。その場合は、2つの気質が交代で出てくると言われています。たとえば、みんなの前では明るく活

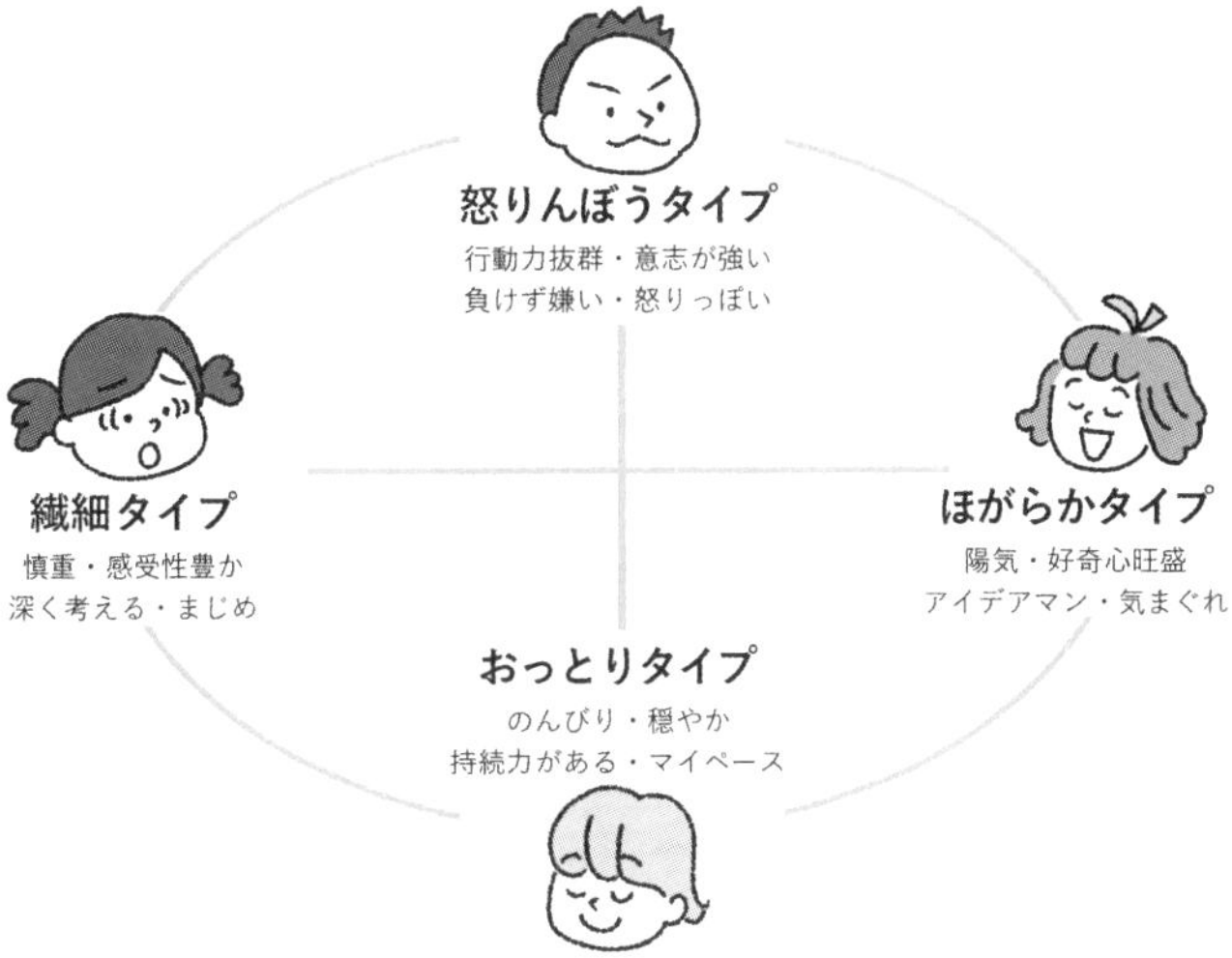

発だけど、ひとりになると深く考え込むような子は、ほがらか＋繊細タイプです。
また、時には3つが組み合わさることもあります。

このように、4つのシンプルなタイプ分けでも、組み合わせ方で色々な性格について考えることができるのが、シュタイナーの気質理論の特徴です。

なお、最初に述べた通り、誰もがこの4つすべての気質を持っているというのが、とても大切なポイントです。
強く出ている気質の特徴を知ることは、

その子の個性を知るための大きなヒントになりますが、それがその子のすべてではありません。たとえば、本当は優しいところがあるのに、カッとなって怒ってしまうところに隠れてしまっているなど、本来持っているいい気質のいいところが、強すぎる気質の困ったところに隠れてしまっている場合もあります。

強い気質に合わせた対応をすることで、その気質のいいところを大切にしながら、強すぎて困るところを和らげることができます。するると、本来持っているほかの気質も出てきやすくなります。

今見えている個性を大切にしながらも、その子の持つ色々な可能性を引き出すことで、その子を本当にその子らしく伸ばすことができます。

なお、大人になるとだんだんと4つの気質のバランスが取れていきますが、どれかひとつ、特に出やすい気質があるはずです。パパやママも、自分の一番強い気質を知ることで、親としてのコミュニケーションの取り方や考え方の癖に気づくこともできます。

「私はどの気質が強いか、よくわからない」という方には、次のような判別方法もあります。

4つの気質の説明部分を読んで、「なるほど。試しに今日から早速実践してみよう」と思ったら、行動力抜群の怒りんぼうタイプ。「わぁ面白い！　友達にも教えよう！」と思ったら、好奇心旺盛なほがらかタイプ。「そうなんだ〜。へえ〜」と思いつつ、そのままゆったりと続きを読んでいたら、マイペースなおっとりタイプ。「まだ納得できないな。もう少し読み込んでみよう。ほかの本も調べないと……」と考え込んでいたら、まじめで慎重な繊細タイプです。

自分の子どもの頃の話を親に聞いてみたり、夫婦で話し合ったりしても面白いかもしれません。子どもと自分の個性の違いを知ることで、子どもの気持ちや行動がもっとわかるようになるはずです。

※用語について

本来、シュタイナー教育の気質論では、

★胆汁質《たんじゅうしつ》（怒りんぼうタイプ）
★多血質《たけつしつ》（ほがらかタイプ）
★粘液質《ねんえきしつ》（おっとりタイプ）
★憂鬱質《ゆううつしつ》（繊細タイプ）

という用語が使われています。本書では、あえてわかりやすい言葉に置き換えて、説明させていただきました。

※ＨＳＣについて

繊細タイプの気質が強い子は、「ＨＳＣ（Highly Sensitive Child）」の定義にほぼ当てはまります。これは、人一倍敏感な子という意味です。

大人の場合は「ＨＳＰ（Highly Sensitive Person）」と呼ばれます。

これはあくまで気質のひとつであり、病気や障害ではありません。しかし、心がほかの子よりも繊細で、ダメージを受けやすい傾向にあります。だから、心の力を育ててあげるためには、特に丁寧な対応が必要です。ＨＳＣやＨＳＰについては、色々な本が出ているので、そちらもぜひ読んでみてください。

心配性の兄とのんびり屋の弟

私には、２人の子どもがいます。上の子は「繊細タイプ」で、とても心配性です。

一度、近所で友達と遊んでいて、姿が見えなくなったことがありました。近くにいるだろうけど、一応探しに行こうかなと、私が近所を一周して帰ってくると、上の子が先に家に戻っていました。そして、「ママがどこかに行っちゃった!!」と大泣きしていたのです。もしかして事故に遭ったかもしれない、と思ってとても心配していたそうです。それはこっちのセリフです。それに、ほんの数分しか待たせていないはずなのですが……。

一方、「おっとりタイプ」の下の子は、のんびり屋さんで、「待つこと」がとても得意です。

上の子を学校に送るちょっとの間、家で待っていてもらうのですが、ひとりにして申し訳ないなぁと思い、「ひとりで待ってる間、さみしくない？」と聞いてみました。すると、首を傾げて、少し考えたあとで一言、「ぼく、いちごのことしか考えてない」。いちごは、下の子の大好物なのです。思わず笑ってしまいました。

２人とも、「ああ、こういうところは私達の子らしいな」という部分と、「あなたのそういうところ、一体どこからきたの？」という部分があります。

生まれ持った個性というのは本当に面白いなぁと、日々感じています。

第 4 章

こんなときどうする？
Q & A

世界の教育の知恵で悩みを解決する

子育てをしていると、どんなパパやママにも起こりがちな悩みや疑問がたくさんあります。

本章では、子育て中にぶつかりがちな悩みについて、生きる力をはぐくむという観点から、「シュタイナー教育」「モンテッソーリ教育」「森のようちえん」の知恵なども紹介しながらお答えします。

Q なかなか寝てくれません

「毎日同じ」というくり返しが大切です

パパ・ママも疲れている1日の終わりに、子どもが寝てくれないと本当にイヤになってしまいますよね。結果として親のほうが寝不足になってしまうと、ますます疲れが溜まってイライラしてしまいます。

子どもの寝かしつけで一番大切なことは、まずは**「生活リズム」**です。当たり前のようですが、**起きる時間、お昼寝、そして寝る時間を、毎日おおよそ同じ時間にくり返すことがなによりも大切です。**

シュタイナー教育では、毎日同じときに同じことをくり返すことで、言葉で言わなくても、無意識に子どもが行動しやすくなると言われています。睡眠だけでなく、食事やおやつ、遊びなども、なるべく同じ時間にすると、リズムができやすくなります。

また、寝る前に毎日同じことをくり返すと、「これをしたら眠たくなる」というスイッチになります。絵本を読む、家の電気を消して回る、手足のマッサージをするなど。言わば、眠るためのルーティンです。

なお、テレビやスマートフォンの画面などを見ると脳が覚醒しやすく、ブルーライトの光にも目が冴《さ》える効果があります。少なくとも夕方以降は、なるべく見せないように避けることがおすすめです。

わが家でも長年、生活リズムが本当に悩みでした。今は、少し無理をしてでも20時前には子どもを寝かせて、なるべく私も一緒に寝て、その分早朝に起きる（子どもは6時頃に起こす）という生活にしたら、私も子どもも精神的に安定したような気がします。

根本的な生活の見直しが必要になるので、大変かとは思いますが、健康的な体の力をはぐくむためにも、生活リズムはとても大切です。少しずつでもいいので、自分達がすっきり生活できるリズムを探してみてください。

ちなみに、生後3～4カ月くらいの赤ちゃんについては、まだ昼夜の区別がついておらず、生活リズムを整えるのは難しいと言われています。大きくなったら整ってくるため、焦らなくても大丈夫です。なるべく、親も赤ちゃんと同じタイミングで、睡眠を取るようにすることがおすすめです。

Q なにをするにも危なっかしくて心配です

A 失敗も経験させてあげることで成長します

小さな子どもは怖いもの知らずで、とてもハラハラしますよね。特に乳幼児は、危険な事故につながりやすいこともあるので、パパやママも神経を尖らせてしまうかもしれません。

しかし、自分の力量を知るには、**「やりたい」と思ったときに自分でやってみるのが一番です**。大きな事故を防ぐ対策をしておくことはもちろん大切ですが、ちょっとした怪我などの小さな危険については、大人が先回りしすぎず、あえて失敗も経験させてあげることが、子どもの成長につながります。

森のようちえんでは、子どもがやりたがることは、多少危なっかしくてもあえて挑戦させてあげるようにしています。**自分になにができて、なにができないのかを経験することで、危ないことを自分で避けられるようになります。**もし、怪我をしたとしても、それが成長につながると信じて親は見守るのです。

4歳以降になったら、安全のために子どもが守る約束（ルール）を設定するといいでしょう。たとえば、ある森のようちえんでは「自分の背丈より長い棒は持たない」「大人が見えなくなるほど遠くには行かない」「自分が怖いと思ったらやめる」といったルールがありました。状況に応じて、自分達のルールを考えてみましょう。

なお、子どもの大きな事故を防ぐ対策については、消費者庁から「子どもを事故から守る!!　事故防止ハンドブック」が出ていますので、必ず確認しておきましょう。小さな怪我についても、おうちに救急セットを常備し、外遊びのときもミニ救急セットや着替えなどを持ち歩いておけば、心にゆとりを持って見守ることができます。

Q 遊んだあと、お片付けができません

A 片付け方の手順を見直してみて

子どもが遊びに夢中になることは、生きる力をはぐくむためにとても大切なことですが、そのあとお片付けができないことは大きな課題ですよね。

つい、「ちゃんと片付けなさい」「きちんとしまいなさい」などと言いたくなりますが、**子どもは「どこに片付ければいいのか」という場所や、「どうやって片付けるのか」という方法がはっきりわかっていないと、自分で片付けることはできません。**

まず、「どこになにを片付けるのか」をパッと見てわかるように、おもちゃ棚を工夫しましょう。

たとえばモンテッソーリ教育の園では、教具の棚には引き出しや開き戸を付けず、どこになにがあるのか、どこにしまうのかを一目でわかるようにしています。そうすると収納量は減りますが、なるべく色々な種類の活動ができるように、一部の教具はいつも出しておき、一部の教具は時々入れ替えるというように整理しています。

おうちのおもちゃも、パッと見て場所がわかる棚にして、そこに収納できる量だけにするほうが、片付けもしやすくなります。入り切らないおもちゃは、しばらくしまっておいてまた出すと、子どもはまた新鮮な気持ちで遊ぶことができます。ついつい増えがちなおもちゃですが、なにかを増やしたら、その分なにかを減らすことが大切です。

また、「どうやって片付けるのか」を子どもにしっかり教えることも大切です。モンテッソーリ教育では、教具を使うとき、棚から出す→使う→元に戻す→棚にしまう、ということをワンセットにして、最初に子どもに教えています。おうちでも、「ちゃんとしまって」などと曖昧《あいまい》に言うのではなく、「やり方を見ててね」と、**片付けの手順を1つひとつやって見せてあげると、子どもにも片付け方がわかります**。

環境を整えてもやらないときは、大人も一緒に楽しく（イライラせずに）片付けをしましょう。言葉だけでは、何回言ってもできるようになりません。片付け始める時間を決めて、その時間になったら必ず片付ける習慣を作れれば、いつか身につきます。

Q 食べ物の好き嫌いが多くて心配です

楽しく食べることを優先してOK

子どもの好き嫌いや食べ残しが多いと、「栄養は足りてるかな?」「量は大丈夫かな?」と心配になってしまいますよね。

結論から言うと、**子どもが毎日元気そうにしていれば、好き嫌いや食べ残しがあっても、気にしすぎなくて大丈夫です**。健康診断などでひっかからなければ、健康面で問題はありません。

もちろん、できる範囲で、なるべく色々な食材を食べられたほうが理想的です。

しかし、特に偏食や少食の子の場合、感覚が鋭敏で、調味料の味やスプーンの金属味など、思いがけないものがハードルになっていたりもします。無理に食べさせようとしすぎると、かえってご飯の時間が嫌いになってしまうかもしれません。

大人と子どもで味覚の好みが違うように、そのような感覚や味覚は、成長によっても変わってきます。**子どもが、今食べられるものだけで元気に過ごせているのなら、食事の時間を楽しく過ごすことを優先するのがおすすめです。**

「食べ残す」ことがもったいないと気になる場合は、「食べられないものは最初に自分で取り分ける」または「食べられるものを自分で取る」という方法もあります。

ある学校を取材したとき、給食が配膳されてから食べ始める前に、「食べられないと思った分は自分で戻しに行く」という時間があって、なるほどなと思いました。その分食べたい子がおかわりできるので、フードロスが減ります。

また別の学校では、給食をバイキング形式にして、なにを食べるか、どのくらい取るかを自分で選び、量を決められるようになっていました（※どちらも新型コロナウイルス流行前の話です)。

特に偏食や少食の子については、「好き嫌いなく、全部食べられるようになること」ではなく、**「自分の食べられるもの・食べられる量を、自分でわかるようになること」を目標にすることがおすすめです**。自分なりに食事を楽しめるようになれれば、成長とともに食べたいものも増えていきます。

Q

人見知りがひどくて困っています

A

目を合わせないのがポイントです

家族（特にママ）にはご機嫌な赤ちゃんが、ほかの人に対しては泣いたり引っ込み思案になったりする「人見知り」。生後6カ月くらいから起こりやすく、2〜3歳まで続く子もいます。通常は年齢が上がれば収まるものですが、子どもを人に会わせにくくて悩むパパやママもいると思います。

まず、**人見知りは完全に生まれつきの気質なので、人との交流が少なかったからなど、育て方のせいでは全くありません。**

シュタイナー教育の4つの気質で言えば、「繊細タイプ」の気質の強い子が人見知りしやすいと言われています。繊細タイプの子は人にとても興味があるものの、怖がりで慎重なため、それを表にうまく出せないという傾向があるからです。

これを裏付けるように、2013年に発表された科学技術振興機構と東京大学、京都大学の共同研究によると、人見知りの赤ちゃんは、ほかの赤ちゃんに比べて、「（人に）近づきたい」のに「怖がり」ということがわかりました。

人見知りの子は、「近づきたい」という気持ちから、知らない相手もじーっと見ています。しかし、「怖がり」なため、相手が見つめ返してくると泣いてしまい、それが人見知りという現象になっているそうです。

怖いなら見なければいいのに……と思うのですが、「怖いけど、見たい」という矛盾した欲求が抑えられないのです。

この研究を踏まえると、子どもの人見知りの対策は、**「パパ・ママ以外の人は、あまり子どもと目を合わせないこと」**です。

人と会うときは、パパやママが「この子は、人に見られると泣いちゃうんです」などと説明して、子どもに注目したり、目を合わせたりしたりしないようお願いしましょう。そして、その人がパパ・ママと仲良く話をしているところを子どもに見せるようにします。

子どもが安心して相手をじっくり観察できて、「パパやママと仲良しだから、この人は怖くない」と感じられれば、人見知りはだんだんと和らぐはずです。

Q 同じ服しか着ないなど、こだわりが強くて大変です

子どもの好きにさせてあげましょう

子どもが服にこだわるようになると、服を買うときも悩んでしまうし、出かける準備にも時間がかかって大変ですよね。

服に対するこだわりは、大体2歳くらいから出てくることがあります。ただ、「毎日同じ服しか着たがらない」というくらい強くこだわる時期は、そんなに長くは続きません。

だから結論から言うと、**子どもが「着たい」と言う服を着せて、子どもを安心させてあげましょう。**

子どもが「毎日同じ服しか着たがらない」という場合、モンテッソーリ教育で言う「秩序の敏感期」か、シュタイナー教育で言う「繊細タイプ」の気質が関係している可能性があります。

「秩序の敏感期」は、およそ2~3歳頃がピークだと言われており、イヤイヤ期とも重なります。こだわりの強さには個人差がありますが、服の着方、体を洗う順番、登園で通る道などの細かいことについて、大人が困ってしまうほど「いつもと同じ」にこだわることがあります。

これは**子どもにとっては秩序感の芽生えであり、その成長の過程です**。通常、6歳頃までにはほとんど表れなくなると言われています。

「繊細タイプ」の場合、五感が人より鋭敏なので、触感や着心地、匂いなどに強くこだわることがあります。親としては、つい「大げさすぎるのでは?」と思ってしまいますが、訴え方が強いのではなく、感じ方が強いのです。本人にしてみれば、それだけ不快感があります。
子どもに合わせた対応をしてあげていれば、大きくなる頃には、こだわりが強すぎて困るところは和らいできます。

具体的には、同じような服を何着も買う、着る服を前日に決めておくなど、やりやすい方法を探してみましょう。もしも、多少寒そう（暑そう）だと思っても、子どもが快適そうで元気なら大丈夫です。できれば、周りの人にもこだわりのことを共有して、理解してもらいましょう。

また、「いちいち子どもに合わせてい

たら、もっとわがままになってしまうのでは？」と心配に思うかもしれません。

確かに、「あの服も買って！　この服も買って！」というモノの欲求だったら、毎回合わせる必要はありません。ただ、「この服しか着たくない・着られない」という場合は、少し性質が違います。成長の過程や感覚の敏感さからくるものであれば、なるべく子どもの好きにさせてあげたほうが、お互いにストレスが少ないと思います。

パパやママから見ると、子どもの謎のこだわりに合わせることは、わかっていても大変かと思います。しかし、子どもの自己肯定感をはぐくむためにも、子どもの気持ちをなるべく受け止めてあげることが大切です。

Q テレビやＤＶＤを見せると、ずっと見続けてしまいます

大人がしっかりルールを決めましょう

子どもは、テレビやＤＶＤ、スマートフォンの動画やゲームなどが大好きですよね。また、見てくれていたほうが手が空くので、親としてもつい見せてしまいます。

ただ、少なくとも０～６歳の小さな子どもにとって、映像を見せることは「少なければ少ないほどいい」と言わざるを得ません。大人がしっかりルールを決めて、子どもを守ってあげましょう。

第１章で、子どもが映像を見ると、自分の意思で自分の体を動かす時間がずっと少なくなってしまうと書きました。

それだけでなく、脳の発達にも悪影響があると言われています。アメリカ小児科学会および日本小児科学会は、テレビの長時間視聴は言語発達や社会性の遅れに影響する可能性が高く、特に2歳以下の子どもには長時間見せないようにと提言しています。

私も以前は、家事や育児の手が足りないとき、お出かけで騒いで欲しくないときなどに、テレビやDVD、スマートフォンなどをよく見せていました。すると、刺激に敏感な上の子は、映像の内容を再現するような遊びばかりするようになり、ただ座ってぼーっとしている時間も増え、お昼寝や夜も寝付きにくくなってしまいました。大量の情報を消化することに、脳の大半が使われてしまっていたのではないかと思います。

そんな子どもの様子を見て、私もとても悩みました。時間を短くしたり、見る曜日を決めたりと本当に色々と試行錯誤したのですが、子どもは「もっと見たい」と怒って騒ぐため、かえってお互いのストレスになってしまいました。

そしてあるとき、思い切って部屋からテレビを撤去し、全部やめてみました。すると、子ども達は最初は怒ったものの、思ったよりもすぐに落ち着きました。そしてその分、手足をたくさん動かして、自分の意志や想像力で遊べるようになったと感じています。また、遊びに集中しやすくなり、家事の間は子どもだけで遊べるようにもなりました。部屋は散らかりやすくなりましたが……。

もちろん、これは極端なやり方だと思います。無理はしすぎず、おうちの事情や考え方に合わせて色々な方法を試してもらえたらいいなと思います。

ただ原則として、少なくとも**0〜6歳の間は「大人がルールを決めて、大人が責任を持って管理する」という方針をおすすめします**。お菓子を食べさせすぎないということと同じように、映像に関しても、子どもが見たいだけ見せるというのはやめましょう。

私も個人的には、映画やアニメなど、大好きな映像作品がたくさんあります。もっと年齢が上がって、それを一緒に楽しめる日を心待ちにしています。

Q わざと親を困らせようとしている気がします

A 健全に成長している証拠です

子どもにあんまり困らされる日々が続くと、まるで自分が攻撃されているように感じてしまうこともありますよね。

しかし、0～6歳の小さな子どもは、ほとんどの場合、そんな風に親を攻撃しようと思っているわけではありません。それなのに、わざと親を困らせようとしていると感じるときは、**子どもが「もっと自分を見て欲しい」と思っている可能性があります**。

親からの関わりがもっと欲しいと感じると、子どもは今まで自分でできていたことをやらなくなったり（赤ちゃん返り）、わざといけないことをして気を引こうとしたりすることがあります。ちなみに、弟や妹など下の子ができたときは、上の子にこういうことが起こりやすくなります。

これは、「もっと自分を認めて欲しい」「気持ちをわかって欲しい」と、親の関わりを求めているからこその行動です。子どもが「悪い子」になったわけでも、育て方がいけなかったわけでもありません。むしろ、ちゃんと自我が発達しているからこそ起こる、健全な行動です。

まずは、小さなことでも構いませんので、**子どものいいところを見つけて声をかけてあげる**ように意識しましょう。いつもやっている当たり前のことでも、「がんばってるね」「ありがとう」と伝えてあげると、子どもは「自分を見てくれている」と感じることができます。また、抱きしめる、撫でるなどのスキンシップも、意識して増やしてあげるといいでしょう。

認めて欲しいなら「いい子」になってくれればいいのに……と思いますよね。実際、子どもの気質などによってはそういう子もいます。ただその場合、親が問題に気づきにくいため、いつの間にか自己肯定感が下がってしまったり、あとから爆発したりすることがあります。

子どもに困らされるのは、その子が「もっと見て」というサインをわかりやすく出しているからこそ。そのときは本当に大変ですが、「ああ、気づきやすくて助かるわ」くらいに思ってあげられるといいかもしれません。

Q ほかの子を叩くなど、すぐに手が出てしまいます

優しく撫でてあげましょう

子どもがほかの子に迷惑をかけてしまうと、親としてはとても困ってしまいますよね。相手の親御さんにも申し訳なく、つい強く叱ってしまいたくなるかもしれません。

ただ、1～3歳の子の場合は、まだ理性を司《つかさど》る脳が未発達なので、ダメだということがわかっていないか、わかっていても抑えられないということがあります。

また、4歳以降の子の場合は、「怒りんぼうタイプ」の気質が強く出てくると、悪いことだとはわかっていても、ほかの子に手を出してしまうことがよくあります。

小さな子どもが人を叩いてしまうのは、体が気持ちと直結していて、手が反射的に

動いてしまうからです。そういうときに厳しく叱っても、あまり意味がありません。

シュタイナー教育の園では、叩かれた子を慰めることはもちろん、叩いてしまった子を抱きしめたり、叩いたほうの手を撫でたりと、優しいスキンシップをします。その上で、叩いてしまった気持ちを認めながら、叩くのはいけないということを優しく伝えます。

叩いてしまったのはいけないことですが、その原因となった気持ちには、なにか理由があるはずです。その気持ちは認めてあげながら、いけない行動についてはしっかりと伝えることが大切です。

また、優しいスキンシップをしてあげることで、その子を否定しているわけではないということ、人には優しく触れるものだということが伝わります。

もちろん、大人でも怒ったり動揺したりしてしまうため、実際におうちでこれを実践するには、忍耐力がものすごく試されます。しかし、**大人が忍耐力を発揮すればす**

るほど、子どもの忍耐力も育っていくと思ってください。

もし、パパやママが子どもを怒らずに冷静に対応できたら、「すごく偉い！」と自分で自分を褒めてあげましょう。美味しいものを食べたりして、自分にご褒美をあげることもおすすめです。

Q カッとなって、子どもを叩いてしまいます

A 怒りを抑えるルーティンを作りましょう

子どもに手をあげてしまう気持ちは、本当によくわかります。私も正直に言うと、実際に子育てをしている中で、あまりにカッとなってパチンとやってしまったことが何度かあります。

ただ、まず大人が認めなければいけないことは、**子どもを叩くことの教育的意義は全くない**ということです。体罰には悪影響しかないということは、今はたくさんの研究によってはっきりとわかっています。

　大人に叩かれると、特に小さな子どもは、痛い、怖い、悲しい、イヤだという気持ちでいっぱいになってしまいます。そのため、自分のなにがいけなかったのかを考えることが難しくなり、本当の学びにつながりません。代わりに、「相手が悪かったら叩いてもいい」ということを学んでしまいます。

　体罰というほどのことではない、と思うかもしれません。しかし、子どもがお友達を叩いたら注意しますよね。それなのに、大人が子どもを叩いてもよいというのは矛盾しています。

もし叩いてしまったら、しばらくして落ち着いてからでいいので、子どもに「さっきは、こういう理由で叩いてしまったの。でも、叩いたのはよくなかった。本当にごめんね」と、心から謝ることがおすすめです。

子育てをしていると、親は間違いを認めてはいけないという気持ちになることがあります。しかし、「間違いに気がついたら、ちゃんと謝る」という姿を見せてあげることも、子どもにとって大切な学びになります。また、子どもも「自分のことを嫌いなわけじゃないんだ」と安心できます。

子どもがいけないことをしてしまったら、叩く代わりにどうしてそれがいけないことなのかを優しく伝え、スキンシップを取りましょう。

私の経験からも、子どもを叱るときに、叩いたり怒鳴ったりするのは本当になにもよいことがなく、抱きしめて撫でてあげたほうがずっと効果的でした。

もし、腹が立ちすぎて、「そんなこと、できなそう……」と思ったら、まずは何回か深呼吸するなど、自分の気持ちを落ち着かせましょう。私の場合は、よくトイレに駆け込んでいました。トイレに自分の好きなもの（私の場合、漫画など）を隠しておいて、それを見てクールダウンするのです。そんな風に、なんでもいいので、自分の怒りを落ち着かせるルーティンが見つけられるといいと思います。

もしも、いけないとわかっているのに何度もくり返してしまう場合、それは、あなたに助けが必要な状態だと思います。詳しくは第5章に書きますので、ぜひ参照してみてください。

イヤイヤコレクションのすすめ

昼夜問わずの新生児のお世話が、やっと一段落したママを待ち受ける魔の手……それがイヤイヤ期です。第３章にも書きましたが、これは成長の過程なので、基本的に防ぎようがありません。取材したある森のようちえんの先生は、「目をつむって駆け抜けろ！」とおっしゃっていました。私も実際に経験して、本当にそうだと思います。

そんなイヤイヤ期に唯一、私が「やっててよかった」と思ったこと。それは、写真を撮ることです。

わが家の上の子は本当にイヤイヤが激しく、いつでもどこでも、地面にひっくり返ってイヤイヤしていました。家の中はもちろん、道路でも、公園でも、スーパーや駅のホームでも……。
本当に困らされましたが、どうしようもないときは、私自身のクールダウンのために、子どもに気づかれないようにこっそり写真を撮ることにしていました。地面にひっくり返ってすねている写真、うつ伏せで泣いている写真、ぷいっとあっちを向いている写真……それを「イヤイヤコレクション」というフォルダに保存して、親や夫に見せていました。
そして上の子が小学生になった今、このイヤイヤコレクションを見ると、この子もあの頃よりは成長したなぁと思えます。

笑顔の写真は多いけれど、怒ったり泣いたりしている写真は少ないもの。子どもが大変な時期は、そんな写真を集めておくと、大切な思い出になるかもしれません。

第 5 章

パパとママも「自分らしい」子育てを

子育てをする「自分」のためにできること

ここまで、子どもの「生きる力」をはぐくむために大切なことを色々とお伝えしてきました。

しかし、今までご紹介したことを実践するためには、パパとママの「心と体」が元気でなくてはいけません。まずは、親であるみなさんの健康が一番大切なのです。

本章では、そのためのポイントをお伝えします。

自分の体のコンディションを整える

子どもの生きる力をはぐくむ子育てをするために、パパやママにとって一番必要なことはなんでしょうか？　それは、**「心と体がいい状態にあること」**だと思います。

どれだけ子育てがうまくいっていても、いえ、うまくいっているからこそ、子どもは泣いたり、怒ったり、イヤイヤをしたり、わがままを言ったりします。子どもが毎日、全力でぶつけてくる気持ちを受け止めて、その都度適切な対応をするためには、かなりの精神力や忍耐力が必要になります。

そんなとき、「大人なんだから我慢しましょう」「親なんだからがんばりましょう」

という精神論が唱えられがちです。

しかし、どんなに優しいパパやママでも、体調が悪かったり、疲れていたりしたら、イライラして怒ってしまうかもしれません。試合に臨むアスリートのように、**あらかじめ自分の体のコンディションを整えておく必要があります**。

まず、**毎日しっかり睡眠を取ることがとても大切です**。

寝不足による疲れやイライラについては言うまでもありませんが、子育てに加えて家事や仕事などもあると、どうしても睡眠時間が削られてしまいます。

子育て世代の年齢であれば、おおよそ7時間前後の睡眠が理想的だと言われています。この時間を確保できていない場合、ちょっと無理をしてがんばりすぎている可能性があります。後述しますが、時には子どもを預けたり、家事の時間を削ったりして、睡眠時間を確保することがおすすめです。

また、特にママ（女性）の場合は、ホルモンバランスの影響にも注意が必要です。

生理前には、ホルモンの影響で頭痛や倦怠感、イライラや気分の落ち込みなどが起こる「月経前症候群（premenstrual syndrome：PMS）」という症状があります。近年、知名度が上がってきましたが、これもコンディションが崩れる大きな原因になります。私も生理前になると、明らかに子どもに対して怒ったり泣いたりすることが多くなってしまいます。

まず、生理アプリなどを使ってＰＭＳの時期を把握しましょう。症状が強い場合は、医薬品などで症状を和らげることもできます。

市販の漢方薬や、婦人科で処方してもらえる低用量ピルなども効果的です。ほかにも、ハーブやサプリメントなど色々あります。

どれも体質によって合う・合わないがありますので、利用前に必ず調べたり、かかりつけ医に相談してから試してみてください。

子どもを預けられる先を増やす

パパやママだけで、子育てを毎日ずっとしていくのはとても大変です。**時には子どもを誰かに預けて、ゆっくりした時間を過ごすことが絶対に必要です。**

労働基準法でも、労働は1週間に40時間（1日8時間）まで、少なくとも月に4日の休日が必要だと定められています。それなのに、同じくらいハードな子育ては、1日24時間（睡眠を除いたとしても、1日約17時間）、年に365日ノンストップで続きます。ひとりや2人でできるわけがありません。

自分だけがうまくできないのではなく、「誰でも無理なのが当たり前」だと思って大丈夫です。仕事や用事があるときだけでなく、「がんばればできるけど、ちょっと疲れちゃった……」というときにも、子どもを預けて休息を取ることが大切です。

そのために必要なことは、**子どもを預けられる先を増やしておくこと**です。

東京大学先端科学技術研究センター准教授であり、子どもの頃から脳性麻痺の障害を持つ熊谷晋一郎《くまがやしんいちろう》さんの有名な言葉に、「自立とは、依存先を増やすこと」というものがあります。

自立とは、人に頼らなくても生きていけることだと思われがちですが、本当に困ったときに頼れる相手が誰もいないと、人生は行き詰まりやすくなります。また、頼る相手がひとりしかいない場合も、そこに頼れないとすぐに行き詰まったり、相手の負担が大きく、共倒れしてしまったりします。

いつでも頼れる相手を、なるべくたくさん増やしていくことこそが、人が自立して生きていくために必要なことなのです。

また、パートナーや親が子どもを預かってくれる、という方も多いと思います。しかし、そこしか選択肢がないと、都合が合わないときに困ってしまったり、何度も預けるのは気が引けてしまったりします。頼れる先がいくつかあることが、お互いのためにも大切です。

まずは、地域にある子どもの預け先（保育園、託児所、ファミリーサポートなど）も積極的に活用することがおすすめです。保育園では、入園しなくても一時保育（不定期の託児）を利用できる場合があります。このような地域の子育て情報は、市町村が発信していますので、お住まいの地域の公式ホームページなどを見てみてください。母子手帳と一緒にパンフレットなどをもらえる場合もありますので、併せてご確認ください。

また、ベビーシッターやママ同士の預かり合いなども、今はネットで手軽に検索・マッチングできるサイトが増えています。集団保育よりもお金はかかりますが、自宅に来てくれるため、ラクですし、信頼できる人が見つかるととても頼りになります。

ただし、どれも本当に困ったときにいきなり頼るのは危険です。お互いの信頼のためにも、事前登録と面談が必要な場合がほとんどです。試すという意味でも、**特に用事がないときから預けてみましょう。**

仕事や用事などの明確な理由がなくても、託児所やファミリーサポート、保育園の一時保育、ベビーシッターなどであれば、「リフレッシュ」や「趣味」を目的に子どもを預けることも、立派な理由として認められています。子どもが環境に慣れるためにも、できれば定期的に預けられるといいでしょう。

自分が休むために子どもを預ける、ということに罪悪感を覚える方もいるかもしれません。しかし、子どもも最初は泣くかもしれませんが、慣れてくれれば、**おうち以外の環境で過ごすことはとてもよい経験になります**。

パパやママが「これくらい、自分でがんばらなきゃ」と無理を続けると、心や体が病気になってしまって、子育て自体が難しくなる可能性もあります。

それを防ぐためにも、頼れる預け先はできるだけ増やしておきましょう。

子育ての話ができる仲間を増やす

子育てには、色々な疑問や悩みがつきものです。子育てで困ったとき、あるいは面白いことがあったときも、気軽にそれを話して共有できる相手がいることはとても大切です。

また、そんな風に**子育ての話ができる相手をなるべくたくさん見つけて、仲間を増やすことがおすすめです**。

これは、特にママの場合に必要なことです。

脳科学の研究によると、女性の脳は、人とおしゃべりをして共感し合うことでストレスが解消できるようになっています。体験したことや感じたことなどのとりとめのない会話でも、人から共感してもらうことで脳内の整理ができたり、人に共感することで脳内に知恵が貯まっていったりする仕組みがあるからだそうです。

ところが、その話し相手をパパ（男性）だけにしようとすると、なかなかうまくいかないことが多いようです。というのも、男性の脳は、あまり会話をせずにひとりでぼーっとすることで、ストレスが解消できるようになっているからです。男性の場合、会話に必要な左脳のスイッチを切って、右脳を使って考え直すことで脳内が整理される、という仕組みがあるからだそうです。

だから、ママの話し相手がパパしかいないと、とにかくおしゃべりしたいママと、ひたすらぼーっとしたいパパがすれ違ってしまい、お互いにイライラしてしまうというわけです。

もちろん、子どもにとって大事な話は、夫婦でしっかり話し合うことが必要です。

しかし、パパ以外にも、ちょっとしたことでも気軽に話せる相手を見つけておくことが、ママにとって大切だと思います。

そんなとき、**一番おすすめなのは、自分と子育ての考え方が似ていて、共感し合いやすい人達が集まった「場（コミュニティ）」を見つけることです。**

自分の母や義母、ママ友達などの女性同士でも、相手が限定されていると、ものの見方が偏ってしまうことがあります。考え方が違って共感しにくかったり、お互いの負担になってしまったりする場合もあります。

何人かが定期的に集まることができて、子どもの成長を一緒に見守ってくれる仲間がいると、ホッと安心できると思います。

たとえば、市町村が設置している子育て広場（親子専用の遊び場）には、専門のスタッフがいて、困ったときの相談もしやすくなっています。また、親子同士で集まる子育てサークルは、市町村が子育て情報として発信しているほか、ネット検索でも見つけることができます。

地域の幼稚園や保育園も、たいていは未就園児親子クラス、あるいは2歳児クラスなどの子育て支援を行っています。こうしたプレクラスに通っていると、入園の案内も優先的にしてもらえることが多いため、気になる園は早めにチェックしておくことがおすすめです。

また、もし本書でご紹介した教育で共感できるものがあれば、ぜひ通えそうな範囲にある幼稚園や保育園などを見つけて、プレクラスやイベントなどに足を運んでみてください。実際の保育や教育の様子を見ることで、おうちの子育ての参考になりますし、知識や経験のある先生に相談することもできます。さらに、特徴のある教育の場に集まっている親同士だと、子育ての考え方も合いやすいと思います。

なお、子どもの発達で悩んだときは、必ず専門医に相談してください。まずは市町村の発達相談窓口や、かかりつけの小児科医などに相談しましょう。できれば、いくつかのところに相談してみて、セカンドオピニオンを受けることもおすすめです。

子どもの発達に関する判断はとても難しく、プロの専門家の知識や経験が必要です。気づくのが早いほど、適切なケアがしやすい面もありますので、不安なことがあれば気軽に専門家に相談してみましょう。

家事を省力化する

子育て中に一番削ってよいことは、家事の時間だと思います。少しくらい掃除が行き届いていなかったり、洗濯物が溜まってしまっていても、目をつむって大丈夫です。おうちが全部きちんとしていることよりも、**パパやママが子どもと一緒に笑顔でいられることのほうが大切です**。

ただ、そうはいっても、ある程度おうちが整っていないと、ストレスの元になることは事実です。子どもと過ごす時間を増やすためにも、**家事をできるだけ省力化することがおすすめです**。

家事を省力化する方法としては、まずは**機械化・自動化**が挙げられます。現代版の家電三種の神器は「食洗機」「お掃除ロボット」「衣類乾燥機（または乾燥機付洗濯機）」だと言われています。このような家電を駆使《くし》するのも手です。

料理についても、レトルトやお惣菜《そうざい》はもちろん、市販や宅配の料理キット、ミールキットなども増えてきています。こうしたキットは、栄養バランスのよいものが簡単に手作りできて、夫婦でも分担しやすいという特徴があります。

また、プロによる家事代行サービスや、低価格の主婦などによる家事マッチングサービスも増えています。おうちのことを人に任せるのは罪悪感があるかもしれませんが、苦手なことや時間がかかることを得意な人にやってもらうというのは、社会のあり方としてごく自然なことだと思います。

ところで、オルタナティブ教育を選ぶおうちは、たとえば手料理や手作りのお菓子、布おむつなど、機械や化学薬品をなるべく使わないといった、手間暇をかけたスローなライフスタイルを好む方が多い気がします。特に子どもが小さいうちは、子どものためにも、そういうことをがんばったほうがいいのかなと思うパパやママもいるかもしれません。

ただ、私の個人的な考えとしては、それは親自身が本当に好きな場合にやればいいことであって、子どものために無理してやらないといけないものではありません。

家事や生活に手をかけることが好きで、それが一番心地よいという方は、そんな生活を子どもと一緒に楽しめたらとても素敵だと思います。しかし、もし手間暇をかけることでパパやママが疲れてしまうようならば、がんばりすぎる必要はないと思います。

ちなみに、私も一時期、手間暇をかけるライフスタイルを目指したことがありました。しかし、実際にやってみて、私は家事を全然好きでも得意でもないと気づいたので、今は前述したものを全部使っています（それでも家事をしなくていいという程度には減りませんが……）。

そして、時間があって自分と子どもが一緒に楽しめそうなときに、一緒に料理やお菓子作りをしたり、一緒に丁寧なお掃除をしたりしています。

パパ・ママ・子どもという核家族での子育ては、ただでさえ時間と人手が足りません。家計との兼ね合いにはなるかと思いますが、家事で無理をしない工夫をしていくことがおすすめです。

子育て以外にエネルギーを使う

パパやママも、親である前にひとりの人間です。「自分らしくいられること」は、子どもにとってはもちろん、大人にとってもとても大切なことです。時には、**子どもから離れて「自分が好きなことを、自分らしく楽しめる時間」を作ることが絶対に必要です**。

特に、子どもに対してものすごくイライラしてしまうようなとき。それは、コンディションの問題に加えて、パパやママ自身のエネルギーをうまく発揮できていないことが原因かもしれません。

子育てでは、はっきり言って、これまで勉強や仕事で培ってきた知識やスキルを、ほとんど生かすことができません。また、これまで自分が楽しんできた趣味や好きなこともやりにくくなります。すると、自分の中にやり場のないエネルギーが溜まっていきます。

子育て中は、そうしたエネルギーは全部子どもに注ぐべきだと思われがちですが、私は違うと思います。

自分のエネルギーを全部子育てに注いでしまうと、子どもに対する「期待」がどうしても大きくなります。「こんなに自分を犠牲にしてがんばっているんだから、こうなって欲しい」とか「ああなって欲しい」と、**自分の自己実現を子どもに代行させてしまいやすい**のです。

しかし、小さな子どもの成長は、なかなか大人の思い通りにはなりませんし、わかりやすくやりがいを感じられることも多くはありません。

そんな風にうまくいかないとき、**子育てにあまりに全力を注いでいると、自分自身が否定されているような気がしてイライラしてしまう**のです。

しかし、子どもは親をイライラさせたいのではなく、ただ自分らしくありたいだけなのです。

だからパパ・ママ自身も、ぜひ、子育てとは別のことで自分らしくエネルギーを発揮することがおすすめです。

モンテッソーリ教育では、子どもは自分の力を発揮できる活動に取り組めると、自己肯定感が高まって心も落ち着くと言われています。

たとえば、怒りっぽくて乱暴をしがちな子には、重いものをたくさん運んでもらうなどの力仕事を任せると、エネルギーをその活動に向けることができます。それをやり遂げて感謝されることで、やりきったという達成感と、人の役に立てたという満足感にもつながります。

これは、大人にも応用できると思います。仕事でも、趣味でも、勉強でも、なんでも構いません。子育てとは、全然関係のないことでいいのです。自分らしく取り組めて、やりがいを感じられたり、楽しめたりすることが大切です。

私は、上の子がイヤイヤ期で、しかも下の子を妊娠中で仕事もできず、自分でもイライラしてどうしようもなかったとき、ハマれる趣味と出会いました。それに没頭することで、日々のエネルギーやストレスの大半を発散できて、なんとかその時期を乗り越えることができました。

今思えば、それまでは子育てにエネルギーを集中しすぎていました。あれもこれもとがんばりすぎて、「なにもかも思い通りにいかない！」とイライラする毎日でした。

しかし、自分の好きなことにも時間を使うようになってからは、子どもが多少言うことを聞かなくても、「まあ、私も好きにしてるからしょうがないか」と思えるようになりました。おそらく、はたから見ても笑顔が増えたと思います。


「そんなことをする時間なんてない！」という方は、本章に書いてきたことをもう一度読み返して、なんとか自分の時間を作ってみてください。

また、すでに、そんな仕事や趣味があるという方は、ぜひ続けてください。

もしかして、仕事や趣味に取り組むことで、「このせいで子どもと過ごす時間が減っているのかも……」と罪悪感を覚えている人もいるかもしれません。しかし、その分子どもと過ごせる時間を大切にしようと思えているのなら、それくらいでちょうどいいいんじゃないかと私は思います。

自分の人生は自分の人生、子どもの人生は子どもの人生です。

自分だけで楽しむ時間を持つことで、子どもと一緒に過ごす時間も、もっと楽しめるようになるのではないでしょうか。

おわりに

私は、2014年にクラウドファンディングで約1776万円の寄付をいただき、北海道から沖縄まで、日本全国のオルタナティブ教育の幼稚園・保育園・学校などを直接訪問して取材しました。本書の内容は、文献などの資料だけでなく、そのような取材で現場の先生からお伺いしたお話などを参考にさせていただいています。

快く取材に応じてくださり、教育について丁寧に教えてくださった幼稚園・保育園・学校関係者のみなさまに、心から感謝します。本当にどうもありがとうございました。

なお、私が今まで取材した園や学校の情報は「多様な学びのカタログサイト　マナカタ」という検索ポータルサイトに掲載しています。

同じ教育でも園によって特色があり、それぞれのよさがあります。また、特に「○○教育」ではなくても、独自に素敵な教育をしている園もたくさんあります。

ぜひ現場を見学し、その場や人々の雰囲気などに触れて、自分と子どもがホッとできる素敵な園と出会っていただけたら幸いです。

▼多様な学びのカタログサイト　マナカタ　https://mana-cata.jp

またこの本では、私の2児の子育て経験も踏まえて、本当に大切だと思ったことや、おうちでも比較的実践しやすいことだけをまとめました。

しかし、読んでいて「こんなこと、私にはできないかも……」と感じる方や、実際にやってみて「全然うまくいかない！」と思う方もいるかもしれません。

そんなときは、どうぞ安心してください。私も、普段は、この本に書いていることの半分もできていないんですから。

私もまだまだ子育て真っ最中で、毎日試行錯誤です。しかし、この時代に子育てをすることの大変さが身に沁《し》みてわかる今だからこそ、半分自分に言い聞かせるような気持ちで、本書を書きました。

１００％完璧な子どもがいないのと同じように、１００％完璧な親なんていません。

しかし、「完璧な親の姿」を見せるのは難しくても、「完璧じゃなくても、がんばろうとしている親の姿」を見せることはできるはずです。工夫したり試行錯誤したり、時にはちょっと休んだりしながら、一生懸命子育てしようとしている姿を見せることも、子どもにとって大切なのではないでしょうか。

だから、書いてあることを全部やろうとしなくても大丈夫です。一部だけでも、ご自身とお子さんのペースでやってみてもらえれば十分です。


なにができても、できなくても、子どもも自分も大切な存在。

親も子どもも自分らしく、一緒に生きることを楽しめたなら、それがなにより「生きる力」をはぐくむことになるはずです。

無理はしすぎないようにしながら、これからもお互いがんばっていきましょうね。

征矢里沙

参考文献

- 前野隆司．幸せのメカニズム 実践・幸福学入門．講談社，2013．
- ジェームズ・Ｊ・ヘックマン．大竹文雄（解説）．古草秀子（訳）．幼児教育の経済学．東洋経済新報社，2015．
- 経済協力開発機構（OECD）．無藤 隆，秋田喜代美（監修）．ベネッセ教育総合研究所（編）．荒牧美佐子（訳），他．社会情動的スキル――学びに向かう力．明石書店，2018．
- 内田伸子，李基淑，周念麗（編著）．幼児のリテラシー習得に及ぼす社会文化的要因の影響：お茶大・ベネッセ共同研究報告書：日本（東京）・韓国（ソウル）・中国（上海）2008年度調査データブック．お茶大・ベネッセ共同研究報告書，2010．
- 杉原 隆，河邉貴子（編著）．幼児期における運動発達と運動遊びの指導．ミネルヴァ書房，2014．
- 明橋大二．子育てハッピーアドバイス．１万年堂出版，2005．
- 東京都教職員研修センター．Ⅰ 子供の自尊感情や自己肯定感を高めるためのＱ＆Ａ．http://www.kyoiku-kensyu.metro.tokyo.jp/09seika/reports/files/bulletin/h23/materials/h23_mat01a_01.pdf（閲覧：2021-4-13）．
- 内田伸子．子どもの見ている世界　誕生から６歳までの「子育て・親育ち」．春秋社，2017．
- ドーリス・シューラー．鳥山雅代（訳）．ママのためのシュタイナー教育入門．春秋社，2008．
- ヘルムート・エラー．鳥山雅代（訳）．４つの気質と個性のしくみ　シュタイナーの人間観．トランスビュー，2005．
- 広瀬牧子．気質でわかる子どもの心　シュタイナー教育のすすめ．共同通信社，2006．
- 相良敦子．モンテッソーリの幼児教育　ママ、ひとりでするのを手伝ってね！．講談社，1985．
- スーザン・Ｍ・スティーブンソン．中村博子（訳）．深津高子（監修）．デチタ　でチた　できた！．ウインドファーム，2011．
- 今村光章．森のようちえん　自然のなかで子育てを．解放出版社，2011．

征矢里沙（せいや・りさ）

NPO 法人いきはぐ理事
1983 年、愛知県生まれ。高校 2 年生のときに恩師と出会い、教育に興味を抱く。慶應義塾大学総合政策学部に入学し、独自にオルタナティブ教育を研究する。卒業後、株式会社リクルートに就職。2012 年に退職し、「生きる力をはぐくむ」をテーマに NPO 法人いきはぐを設立する。第一子の出産後、クラウドファンディングで資金を調達し、北海道から沖縄まで全国 100 カ所以上の「生きる力」をはぐくむ学校や園を子連れで取材する。現在、幼児と小学生の男児 2 人の子育てに日々奮闘しながら、「生きる力をはぐくむ教育研究家」として執筆活動や講演などを行っている。

NPO 法人いきはぐ
https://ikihug.com

多様な学びのカタログサイト　マナカタ
https://mana-cata.jp

モンテッソーリ教育×シュタイナー教育×森のようちえんから学ぶ
子どもの「生きる力」を伸ばす方法

2021 年 6 月 22 日　初版発行

著　者　征矢里沙
発行者　野村直克
発行所　総合法令出版株式会社
〒 103-0001 東京都中央区日本橋小伝馬町 15-18
EDGE 小伝馬町ビル 9 階
電話　03-5623-5121
印刷・製本　中央精版印刷株式会社

落丁・乱丁本はお取替えいたします。

ISBN 978-4-86280-803-5
総合法令出版ホームページ　http://www.horei.com/